國劇創作劇本

周嘯虹著

國劇創作劇本

文史哲出版社印行

「感謝財團法人高雄市文化基金會補助出版！」

自序

從一個國劇的愛好者，到一個國劇劇本的創作者，近一甲子的歷程，現在回顧過去，自己也感到奇怪——怎麼會走上這條路的。

喜歡國劇自看戲始，聽母親說：我從三歲起，就被抱在母親的懷裡看戲，是不是因此吸收了國劇的基因，終其生迷戀看它。

讀小學時，聽唱片背熟了「紅鬃烈馬」的全部唱辭。

逃難到上海，省下來早餐的燒餅油條錢，也要去買一張黃金大戲院的票，看麒麟童的「掃松下書」。

顏正秋駐唱永樂，每月薪水只有十四元，卻捨得花兩塊錢去看「新玉堂春」、「鎖麟囊」……。

兩岸尚未互通之前，一捲大陸版「野豬林」的盜版錄影帶，可以賣到六百元，也毫不吝惜地買來，拉上窗簾，沈醉在絲絃檀板之中。

作為一個「老戲迷」，遺憾的事還真不少，我喜歡國劇，也多少懂一點兒，卻張不了口，對自己的評語是「荒腔走板不搭調」。其次，年輕時候學過一段時間的胡琴，也因為心志不堅，祇學會西皮、二黃兩段過門，便告休止，到今天，也都還給了「老師」。

但是，愛好國劇的心卻一直未變，兩岸交流時，早期來台的大陸國劇團，我都從高雄搭飛機趕到台北「捧場」，對國劇的「一往情深」，從三歲到今天，已經有了六十七年的「歷史」了。

因為工作關係，也曾寫過一些與國劇有關的文章，看過一些相關的書籍，齊如山老先生「有聲必歌，無動不舞」是對國劇的定評，讓我對國劇有了深一層的理解，俞大綱先生「寥音閣劇作」創作的「繡襦記」和「王魁負桂英」，更使我心嚮往之。

創作的第一個劇本「將軍令」，始於八年前，當時因為寫作遇上瓶頸，想到試寫國劇，並參加教育部文藝獎，不料一投中的，這使我的士氣大增，以後平均每兩年創作一篇，其中三篇受到教育部的青睞，事實上，國劇劇本的唯一「出路」，如今也只有教育部兩年一次的徵文。

國劇劇本創作，有許多難處，首先是取材，根據「國劇劇本初探」的統計，已經問世的劇本達二千多種，歷史、傳奇、民間故事，幾乎運用殆盡，找新題材非常困難，即使編寫完成，搬上舞台也是千難萬難。

其次，根據國劇的傳統，一個新本子，不光是編寫戲辭，建構過場，還有譜腔、編舞等許多程序，我既無舞台經驗，又是孤軍作戰，一個本子從構思到完成，前前後後總要一年多的時間，以「紅顏淚」而言，三段戲詞至少改了十次以上，吳梅村的「圓圓曲」也背得透熟，那一份銅駝荊棘的感受，總算反映出來了。

但是，我並不滿意，原因是：我始終無法運用國劇中「丑」角的功能。國劇的特色之一，是莊諧並用，在教化意義之外，還要有娛樂的價值，「空城計」中的老軍，「六月雪」中的胡大砲，都發揮了調劑的作用，我這幾個本子，雖然也有丑角，卻未能充分發揮，祇有「安瀾慶」中，稍稍有點表現。

鼓勵我最多的是春華──我的另一半。她原不懂國劇，卻為了和我共享同樣的興趣，努力鑽研，如今聽到過門一起，便能說出板式，這對我影響太大了，回想我為了把她拉進國劇的大門，曾手抄全部「王魁負桂英」的戲辭，終於讓國劇多了一個戲迷。在我編寫劇本時，午夜在枕上喃喃自唸，常常害得她用棉花塞住耳朵。

這個單行本問世了，它對一個百分之百的「羊毛」而言，實在是彌足珍貴的。

周嘯虹

九十年二月於二隨齋

目錄

將軍令

將軍令

創作理念

國劇劇本中有「孫武斬美姬」這個目錄，但從來未見搬演過，此劇應為全本「伍子胥」之支流，可惜故事雖佳，卻無從了解其本質，顯已失傳。

「孫子兵法」早已成了軍事上的典範，孫武其人當然也已傳流千古，他的身世卻似霧裡看花，甚至還有一種說法，他是伍子胥的化身。戲劇不能追究他真正的歷史，但僅就女子亦可「執干戈以衛社稷」這一觀念而言，孫武已經是一個超越的兵學家。

固然，在那個時代，或許祇證明了孫武的軍紀嚴明，但從另外一個角度看，何嘗不是女權伸張的先聲。這個故事，本質上是很切合時代的，作者把它重加組織，希望能有一點社會意義。

劇情大綱

春秋時代，吳王闔閭（即姬光）因王位為其堂兄王僚所奪，乃收容楚國人伍員（子胥），用他的計策，在魚腹藏劍，由勇士專諸喬裝庖人，刺殺王僚，又因王僚子慶忌領兵在外，復由要離施苦肉計，自斷一臂，得以投奔慶忌，乘隙把他刺死。

姬光即位以後，伍員、伯嚭（俱楚國人）因家人被楚王殺害，逃來吳國，助姬光即位，所以請吳王興兵伐楚，吳王以伍員是楚人，不欲賦與兵權，伍員乃荐孫武為帥，孫武著有兵法十三篇，受聘後，言及兵法部勒，孫武乃言「婦人女子，奉吾軍令，亦可驅而用之。」

吳王不信，即指派宮女三百人，並由吳王二寵姬為將，演習陣法，不料眾宮女不遵約束，孫武大怒，立斬二姬，以明軍法無私，宮女震慄，陣法乃成。吳王心痛愛姬，但又因良將難求，故仍令孫武為帥，領兵伐楚，直達楚都郢邑，破國而歸。不久，即告歸隱，有如「神龍見首不見尾」，稗史說他根本就是伍子胥的化身，卻也無史可稽了。

總目

人物總表

孫武——生
吳王闔閭（姬光）——淨
伍員——生
伯嚭——丑
左姬——花旦
右姬——花旦
被離——老生
專毅——武生
囊瓦——武淨
中軍——武淨
小童
家院

探子
八女兵
二太監
八龍套

第一場　議征

（四龍套、二太監引吳王闔閭上）

吳　王：（唸引子）底定勾吳，錦江山，重入版圖。

（定場詩）吳市簫聲動地哀，伍員乞食入吳來，慶忌王僚俱喪命，姬光且坐姑蘇台。

（白）孤吳王闔閭，前者王僚篡位，幸得被離引介伍員，施展妙計，魚腹藏劍，專諸刺殺王僚；殺妻斷臂，要離撲擊慶忌，而今群凶皆滅，孤復登大位，有功之臣，自應有所獎賞。內侍！

大太監：奴婢在！

吳　王：傳眾卿上殿。

大太監：遵旨，大王有旨，列位大人上殿哪！

眾內應：領旨！

（伍員、伯嚭、被離、專毅同上）

伍　員：（唸）三吳煙塵俱掃盡，

伯嚭、被離、專毅：（同唸）姑蘇一旦慶昇平。

（同白）參見大王。

吳　王：眾卿免禮！

伍等四人：（同白）謝大王！

吳　王：（白）孤得眾卿之助，重整江山，幸諸凶俱除，眾卿大功，自應獎賞。

伍等四人：（同白）大王洪福齊天，我等何功之有？

吳　王：（白）眾卿休得太謙，聽孤道來！

（唱散板）王僚無道亂綱常，強佔王位害姬光，若非眾卿齊出力，怎能復位坐朝堂，今日君臣風雲會，崇德報功理應當。

伍　員：（白）大王盛德，古今罕見。

伯　嚭：（白）果然是有道明君。

吳　王：（白）伍員聽封，卿家萬里來投，計謀出眾，再造三吳，其功甚大，孤封你為上大夫之職，職司行人，我吳國之外交，全在你的身上，責任重大，卿家要萬分盡心才是。

伍　員：（白）謝大王！（背身作不解之狀）

吳　王：（白）伯嚭！

伯　嚭：（白）臣在！

吳　王：（白）卿家遭逢變故，投身我邦，多出奇謀，忠心不二，封你為大夫之職。

伯　嚭：（白）謝大王！

吳　王：（白）被離荐賢有功，封為下大夫。專諸為國亡身，追贈為大將軍，其子專毅，封為將軍。

被離、專毅：（同白）謝大王。

伍　員：（背身）且住，大王今日封官，何以不提伐楚之事，待我問來。（白）臣啟大王，今日大王重登大寶，加封眾臣，臣等感激不盡，唯臣與伯嚭以楚王無道，殘害我兩家數十口，故而萬里來投，期望大王興弔民伐罪之師，一者奠定我吳國之霸主地位，二來為臣等報仇，尚請大王成全。

吳　王：（白）伍卿休要著急，伐楚之事，孤已有成算，但目前我吳國兵微將寡，且無領軍之人，故而遲疑。
伍　員：（白）這領軍之人麼？如大王不棄，臣願自荐。
吳　王：（白）你麼？容孤思之！
伍　員：（背身）大王何故遲疑，伯嚭兄，請過來。
伯　嚭：（白）何事？
伍　員：（白）我欲領兵伐楚，大王何故不肯？
伯　嚭：（白）子胥，你聰明一世，糊塗一時，你我俱是楚國人，吳王焉能毫無顧忌麼？
伍　員：（恍然，白），啊，是了，是了，待我推荐孫武，伯兄意下如何？
伯　嚭：（白）孫武自是高明之士，且是吳人，但不知大王能接受否？
伍　員：（白）你我一同推荐如何？
伯　嚭：（白）如此甚好！
伍員、伯嚭：（同白）臣啟大王，吳國現有一人，有大將之才，如能委以重任，必

吳　王：（白）此人姓甚名誰？
能成功霸業。
伍　員：（白）姓孫名武。
吳　王：（白）孤也曾聽說此人，但不知他的將略如何？
伍　員：（白）孫武有經天緯地之才，精通六韜三略，著有兵法十三章，實屬少見
也。
吳　王：（白）孫武現在何處？
伍　員：（白）隱居羅浮山內。
吳　王：（白）喚他前來見孤。
伍　員：（白）且慢，孫武乃是大賢，不可輕慢，請大王下旨，派臣與伯嚭為專使，
前往羅浮山聘請，方可顯得大王禮賢下士之誠意。
吳　王：（白）他有何德能，當得如此！
伍　員：（白）大王當知，昔日文王訪太公於渭水之濱，親執車轅，成興周滅紂之
大業，大王聘請孫武出山，亦當如此隆重。

吳　王：（白）既然如此，就由伍、伯二卿，攜帶花紅綵禮，前往羅浮山，聘請孫武出山罷了。

伍員、伯嚭：（同白）遵旨。

吳　王：（白）退朝！

（眾同下）

第二場 武隱

（孫武內唱西皮倒板：衝天朔氣凌霄漢。上）

孫　武：（唱西皮原板）一劍揮舞斗牛寒，丈夫自有凌雲志，要憑赤手挽狂瀾，驚天動地英雄膽。鼓起波濤欲撼山，天下滔滔群爭霸，欲成霸業嘆才難，羅浮山內龍潛影，坐觀世相不出山，寶劍揮灑星光散，（舞劍、場面奏曲牌）（唱搖板）方顯男兒大不凡。

（白）卑人孫武，自幼嗜武，本當輔佐明君，顯親揚名，祇是當今列國，俱是庸主，我吳國又內亂頻頻，自相殘殺，是以英雄無用武之地，故隱居在這羅浮山內，著有武經十三篇，閑來舞劍吟詩，到也一樂，祇可惜滿腹韜略，竟無法一展雄才，未免慨嘆也。

書　童：（白）啟家爺，有貴客來訪。

孫　武：（白）我隱居深山，何來貴客？

書　童：（白）來客自稱伍員、伯嚭。

孫　武：（白）原來是他們，怏怏有請，待我更衣迎接。

（更衣介，伍員、伯嚭同上）

伍員、伯嚭：（同白）孫先生請了。

孫　武：（白）請坐。

（書童獻茶畢，退）

伍　員：（白）我等來得鹵莽，尚請海涵。

孫　武：（白）豈敢，山僻蝸居，得蒙高人到此，怏何如之，有失遠迎，亦請恕罪。

伍員、伯嚭：（同白）豈敢哪豈敢！

孫　武：（白）公乃楚國大賢，近來協助吳王，重登大位，功莫大焉。不知何以今日有暇，前來敝地？

伍　員：（白）先生那裡得知，唉！

（唱西皮原板）楚王無道信群奸，殘害忠良血淚斑，伍伯二家遭遇慘，吳王仁義助兵驂，欲求良將征江漢，奉王命來到羅浮山，先生大才世所罕，專程奉請莫辭煩。

孫　武：（白）我等奉吳王之命，奉請先生下山來了。

伍　員：（白）孫武有何德能，敢當此盛譽。

伯　嚭：（白）先生雖居深山，然大名遠播，人所共知，今吳王欲逐鹿中原，完成霸業，首需滅楚，如此大功，非先生不能成就，務請先生不要推辭。

孫　武：（白）是啊，就是我等要報楚王滅族之仇，也要先生出馬才成。

伍員、伯嚭：（白）兩位過譽了，祇恐不能勝任。

孫　武：（白）先生休得過謙，我等期盼先生出山，如大旱之望雲霓也。

孫　武：（白）公如此厚愛，實不敢當。也罷，待我衷誠奉告，武隱居羅浮，實緣我國內亂頻頻，武又無挽山手段，今王闔閭，雖為英主，但好大喜功，人之常情，誠恐一旦成為霸主，便爾驕奢。然武一生所學，俱在武經十三篇，如不能用之於疆場，豈非紙上談兵，今與二公相約，武此次出山，用兵楚國，功成之日，仍將歸隱，還望二公成全。

伍　員：（白）先生不必如此，此番出山，吳王必將重用，滅楚之後，先生亦為吳國之干城，誠恐吳王亦不許先生高蹈也。

孫　武：（白）故此先予說明，二公啊！
（唱西皮原板）我觀舉世盡滔滔，列國紛紛動兵刀，孫武下山無別意，試
我軍略十三韜。
伍　員：（唱西皮原板）羨煞先生志節高，羅浮歸隱樂逍遙，未曾進步先思退，功
名利祿若鴻毛。
孫　武：（白）二公過譽，如能應允孫武，武當勉力下山一行。
伯　嚭：（白）先生如此高蹈，令人欽敬，我等待伐楚功成之日，稟報吳王，達成
先生宏願，也就是了。
孫　武：（白）既如此，待我收拾行裝，一同前往。
伍　員：（白）來人。（隨從二人捧花紅綵禮上）（白）奉上聘禮。
（書童上，接下聘禮）
孫　武：（白）我此次出山，歸期未定，家中諸事小心。
書　童：（白）理會得！
孫武、伍員、伯嚭：（同拱手白）請！

伍員、伯嚭：（唸）英雄出山龍虎會。
孫　武：（唸）滿地狼煙掌握中。
（眾同下）

第三場　論兵

（四龍套、二太監引吳王上）

吳　王：（唱二黃原板）刺王僚殺慶忌江山一統，多虧得伍子胥妙計神通，嘆專諸魚腸劍一身當眾，有要離斷一臂終成大功，散財粟賑窮民博施濟眾，且喜得舉國人一片精忠，昇平日閑無事歌舞齊動，左右姬美豐姿玉貌花容，叫侍臣傳眾女殿前舞踊，讓孤王消閑事樂與人同。

（白）內侍，傳旨下去，左姬右姬率領宮女，殿前表演歌舞。

大太監：（白）領旨，宮內聽者，大王有旨，宣左姬、右姬率歌舞隊殿前表演者。

（內白：領旨。）

（左、右姬率八宮女上）

左、右姬及眾宮女：（齊唱二六）江山萬里屬吳王，越女吳歌各勝場，嚦嚦清聲鳴天上，修修蓮步逐風揚，彩帶飄來天河水，鶯歌動處樂未央，太平時節家家慶，（散板）且喜人間有羲皇。

吳　王：（撫掌白）妙，妙，妙！

左姬、右姬：（白）參見大王。

吳　王：（白）罷了，今日昇平無事，歌舞一回。

左姬、右姬：（白）臣妾等新排採蓮歌舞，請大王觀賞。

吳　王：（白）如此從速演來。

（左姬、右姬率八宮女演採蓮謠）

（採蓮謠須用吳歌之唱法）

左姬、右姬及八宮女：（邊舞邊唱）佳期約在蓮花放，哄儂等到菊花黃，相思病難當，抬起頭來望，只見月兒光，你手摸胸膛想，儂上了你的當。

（舞蹈介，再唱）情人好似蓮花樣，進得門來滿屋香，愛煞臉兒香，朱唇湊臉上，逗儂心裡慌，儂心慌為那樁，為了你受風涼。

吳　王：（白）妙極了，二位愛妃上殿陪孤痛飲幾杯。

左姬、右姬：（白）遵旨。

（伍員、伯嚭上）

伍　員：（唸）祇因家國恨，

伯　嚭：（唸）深山會英雄。

伍　員：（白）殿前官何在？

大太監：（白）何事？

伍　員：（白）煩勞通稟，伍員、伯嚭求見大王。

大太監：（白）少待，啟稟大王，伍員、伯嚭求見。

吳　王：（白）啊，他們竟回來了，真真掃興，也罷，二位愛妃暫且退下。

左姬、右姬：（白）是！

（左姬、右姬率宮女退場。）

吳　王：（白）傳伍、伯二位大夫。

大太監：（白）大王有旨，伍、伯二位大夫上殿。

伍員、伯嚭：（白）領旨，參見大王。

吳　王：（白）罷了，二卿一路辛勞，坐下講話。

伍員、伯嚭：（白）謝坐！

吳　王：（白）那孫武可曾聘來麼？
伍員、伯嚭：（白）已然請到，現在殿外候旨。
吳　王：（白）快快宣上殿來。
伍　員：（白）且慢，大王，孫武乃是大賢，大王必需要特加禮遇。
吳　王：（白）那是自然！
伍　員：（白）大王有旨，孫武先生冠帶上殿。
　　（孫武內白：領旨。）（孫武上）
孫　武：（白）參見大王。
吳　王：（白）免禮，卿家遠來辛勞，請坐敘話。
孫　武：（白）謝大王。
吳　王：（白）孤王不德，國內亂生，幸得眾卿之助，重登大位，孤有心行王霸之業，先生何以教我？
孫　武：（白）大王，豈不聞「知己知彼，百戰百勝，知天知地，勝乃可全」。故用兵之道，上兵伐謀，其下攻城，我吳國僻處南疆，欲逐鹿中原，成王霸之業，必先西征強楚，待西楚既定，然後北向伐齊，如此計出萬全，霸業可圖也！

吳　王：（白）楚國勢強兵眾，孤恐非其敵。

孫　武：（白）大王此言差矣！兵者，國之大事，死生之地，存亡之道，不可不察。故多算勝，少算不勝，況乎無算，以臣觀之，楚國雖強，然內多佞臣，朝綱不振，外有唐、蔡兩國，向為楚國世仇，大王果能徵唐、蔡之兵，再以我軍兵分兩路，採四路合圍，分進合擊，出其不意，攻其無備，直撲楚國要地豫嶂，豫嶂既下，則進攻楚都郢邑，易如反掌，楚兵首尾不能兼顧，不亡何待？

吳　王：（白）聽卿一言，孤茅塞頓開，聞卿著有兵法十三篇，可得聞乎？

孫　武：（白）大王容稟！

（唱二黃原板）孫武開言說端詳，細將兵法告大王，第一篇名稱始計，用之必勝不用必亡，作戰需用知兵之將，古云千里不運糧，不戰而勝最為上，知己知彼士不喪，攻守相宜軍勢穩，九天九地善埋藏，陣而後戰運用之妙，存乎一心兵法之常，以眾擊寡明虛實，風林火山其陣堂堂，君命不受通九變，軍行處舍料敵有方，靜如處女狡如兔，先取要地在高陽，兵凶戰危慎於火，仁義用間耳目張，隱居羅浮十餘載，潛心著述十三章，戰必能勝攻必克，臨陣方知將略強。

吳　王：（白）聽卿家所著兵法，真乃大才，但孤國小兵微，如何而可？

孫　武：（白）自應先自整頓軍伍著手，愛兵如子，視卒猶親，厚而能使，愛而能令，則可以一當百也！

吳　王：（白）果能如此，則有敵必克矣，然整頓軍伍之道為何？

孫　武：（白）律之以法而已！臣之兵法，不但可施之於士卒，即婦人女子，奉吾命令，亦可驅而用之。

吳　王：（笑）（白）先生此言差矣，天下豈有婦人女子，可使其操戈習戰者。

孫　武：（白）大王如以臣言為誣，請將後宮女侍，交與微臣試之，如不能成軍，臣甘當欺罔之罪。

吳　王：（白）如此甚妙，即令左右二姬，率宮女三百人，聽先生調教如何？

孫　武：（白）大王之旨，微臣遵辦，唯後宮妃姬，皆大王寵愛之人，誠恐令而不行，尚乞大王假以印劍，以肅軍威。

吳　王：（白）就依卿家，明日教場練兵，孤親往犒師，內侍，將印劍奉與孫卿。

大太監：（白）是！

（大太監捧印、令、劍交與孫武）

吳　王：（白）退班。

眾　：（同白）送大王。

（眾同下）

第四場　殺姬

（四龍套、中軍引孫武上）

孫　武：（唸）令出山河動，軍與天地驚，且將窈窕女，權充百萬兵。

（白）俺孫武奉了大王旨意，訓練女兵，今日教場演武，需要號令嚴明，動靜合度，方可使大王刮目相看也。

（唱西皮原板）奉王命在教場操演女將，嚴號令明賞罰綱舉目張，雖然是後宮人嬌娜模樣，也要他繞指柔百鍊成鋼，喚中軍舉劍旗且升大帳，孫武子顯英風陣勢堂堂。

（內白：大王駕到）

孫　武：（白）營前接駕！

（四龍套、二太監、伍員、伯嚭引吳王上）

吳　王：（唱散板）孫武殿前誇志量，今日教場見真章。

孫　武：（白）迎接大王。

吳　王：（白）罷了，今日練兵，孤在殿上觀卿家大才。

孫　武：（白）謝大王。

（吳王坐上場門稍後，孫武坐下場門稍前，保持一相當距離，以示遙遠，但仍可以目及）

孫　武：（白）中軍。

中　軍：（白）在。

孫　武：（白）傳我將令，後宮女兵出場應點。

中　軍：（白）得令，後宮聽者，元帥有令，女兵出場應點者。

（左姬、右姬率女兵八人上）

左　姬：（唱流水）將軍一令太荒唐，豈有女兒著戎裝。分明是兒戲一般樣，惹得他人笑一場。

右　姬：（白）姐姐。

（唱流水）教場那見女兒香，胡言亂語騙大王，任他軍令如天樣，笑鬧一番又何妨。

左　姬：（白）妹妹說的甚是，我們上前。

（同參見介）

孫　武：（白）兩位女將軍聽了，軍旅之事，先嚴號令，次明賞罰，雖屬平常操演，紀律亦不可廢，中軍為我執法，兩位女將軍以為隊長，分為左右二軍，聽我號令指揮，我有一言，諸君聽了。

（唱西皮原板）整軍伍齊行列不許混亂，肅綱紀聽將令更忌慌忙，鼓聲進金聲退動靜合度，違軍令正軍法紀律申張，行軍事非兒戲爾等自量，有大王印劍在不容荒唐。

（二姬掩口切切而笑）

孫　武：（白）諸君聽吾號令，擊鼓一通，兩隊齊起，鼓聲二通，左隊右旋，右隊左旋，三通鼓響，仗劍而殺敵，鳴鑼而後止，大家記得麼？

眾女兵：（白）記得！

孫　武：（白）如此，中軍擊鼓！

（中軍擊鼓，鼓聲鼕鼕，但女兵隊伍零落，眾女兵嬌笑不止）

（吳王搖頭簇眉）

孫　武：（白）鳴金收兵。

（孫武怒目）

（鳴鑼，隊伍仍然凌亂）

孫　武：（白）約束不明，號令不信，為將之罪也，我將向大王請罪，然今日練兵不可中止，中軍，重新擊鼓聚眾。

中　軍：（白）是！

（擊鼓，鼓聲起，女兵零落嬉笑如故）

孫　武：（白）待我親自擊鼓。

（推開中軍，親自擊鼓，然隊伍零散如故）

孫　武：（大怒，摔下鼓槌）（白）中軍何在？

中　軍：（白）在！

孫　武：（白）約束再三，而軍士敢不聽命，該當何罪？

中　軍：（白）依軍法當斬。

孫　武：（白）軍士不能盡誅，應誅隊長，左右，將兩隊隊長斬訖報來。

中　軍：（白）這——

孫　武：（白）速速行刑，如再延遲，連你同時斬首。

中　軍：（白）是是是。

（龍套綁起二姬）

左姬、右姬：（白）大王救命，將軍饒命。

吳　王：（白）不可不可，孫卿之能，孤已盡知，但二姬是孤心愛之人，伯卿速去

傳旨，刀下留人。

伯　嚭：領旨，（跨馬飛奔而來）刀下留人。

孫　武：（白）何人營內喧嘩？

中　軍：（白）伯大人到來。

伯　嚭：（衝進）（白）見過先生。

孫　武：（白）伯大人前來作甚？

伯　嚭：（白）大王有旨，左右二姬寵愛特甚，還望先生恕罪。

孫　武：（白）軍中無戲言，武已受命為將，將在外，君命有所不受，中軍，速斬二姬。

伯　嚭：（白）這，這便如何是好？

（鼓聲中，二姬被斬）

（吳王頓足，嘆息）

孫　武：（白）伯大人衝進教場，有違軍紀，中軍，應依軍法處罰。

中　軍：（白）依法當斬。

伯　嚭：（白）啊呀呀，孫先生，伯嚭是大王派來的，請你饒命。

孫　武：（白）看在大王所派，饒你不死，中軍，伯大夫是步行而來，還是騎馬而來。

中　軍：（白）騎馬而來。

孫　武：（白）將馬斬了，以代伯大夫正軍法。

中　軍：（白）得令！

（斬馬介）

伯　嚭：（摸頭）（白）好厲害呀！

孫　武：（白）兩隊隊長已死，指派你等二人為隊長，受吾號令。

二女兵：（白）是！

（鼓聲再起，兩隊女兵如穿花蛺蝶，有條不紊，進行操演。）

八女兵：（合唱點絳唇）殺氣凌霄，裙釵受教，兵威勝，地動山搖，誰道女兒嬌。

孫　武：（白）中軍，請大王觀操。

吳　王：（白）孫卿果然名不虛傳，二位愛妃白白送了性命，好可惜也。今日觀操已罷，明日早朝議事。

孫　武：（白）送大王。

（場面吹打，同下）

第五場　伐楚

（四龍套、二太監引吳王上）

吳　王：（唸）教場殺二姬，孫武太無情。

（白）孤命孫武操演女兵，怎奈他執法如山，竟將二姬問斬，孤曾命伯嚭前去傳旨赦免，也被他斬馬以正法。本當治罪，卻因有言在先，君無戲言，如此無情之人，怎堪大任也！

（伍員、伯嚭同上）

伍　員：（唸）嚴正軍法斬美姬，

伯　嚭：（唸）惹得大王淚滿襟。

伍員、伯嚭：（同白）參見大王。

吳　王：（白）二卿免禮。

伍　員：（白）大王今日悶悶不樂，想是為了孫武之事。

吳　王：（白）正是為他。

伍　員：（白）臣為大王賀，喪了美姬，得一良將，美姬易得，良將難求也！

吳　王：（白）此話怎講？

伍　員：（白）大王呀！

（唱西皮原板）列國紛紛動貔貅，千軍易得將難求，孫武才高戰略有，治軍嚴肅有良謀，從來鞞鼓思良將，美姬娛人大業休。

（白）大王欲求賢才，圖王霸之業，還望三思。

吳　王：（白）啊，伍卿之言，實實有理，傳孤旨意，封孫武為上將軍，領兵伐楚。

伍　員：（白）且慢！

吳　王：（白）卻是為何？

伍　員：（白）大將軍乃國之干城，大王應登壇一拜。

吳　王：（白）言之有理，明日登壇拜將。

（眾同下）

（四龍套、中軍引孫武上）

孫　武：（唸）柳營干戈整，虎帳刁斗寒。

（白）眾將官，整肅軍容，迎接大王者。

（四龍套、伍員、伯嚭、被離、專毅引吳王上）

（吳王手捧劍印）

吳　王：（白）孫將軍。

孫　武：（白）臣在。

吳　王：（白）封你為上將軍，吳國軍師，賜你印劍，授你全權，即日拔擢三軍，征伐楚國，得勝歸來，另有升賞。

孫　武：（白）領旨（接印劍），送大王。

（四龍套引吳王下）

孫　武：（白）擊鼓升帳。

（四龍套、伍員等四將奉孫武坐帳）

孫　武：（白）眾位將軍，我奉吳王旨意，領兵伐楚，務望協力同心，奮勇殺敵，有功必賞，有過必罰，軍法無私，大家小心了。

眾　　：（同白）我等遵命。

孫　武：（白）明日乃黃道吉日，正好出兵，各營加意準備，不得有誤者。

眾　：（同白）得令。

（吹打同下）

（四上手引楚將囊瓦上）

囊　瓦：（唸）吳軍來壓境，戰守兩難行。

（白）我楚國令尹囊瓦，只因我國逃臣伍員、伯嚭，向吳王乞師，吳王派孫武為將，率兵攻打我國，我軍連戰皆敗，吳軍逼至郢都，大王命我領兵迎戰，想孫武精通韜略，又有伍員相助，只怕此去性命難保也。

（戰鼓聲，探子上）

探　子：（白）報，吳軍討戰。

囊　瓦：（白）咳，祇好拼死一戰了，眾將官，大開營門，領兵出戰。

（囊瓦亮相下）

（孫武上亮相，囊瓦上，開打介）

（囊瓦敗退，吳軍，孫武追下）

（囊瓦上）

囊　瓦：（白）四面都是吳軍，戰亦不能，逃亦不得，身為大臣，豈可束手被擒。待我自刎了罷。（自刎）

（四龍套、中軍迎孫武上）

中　軍：（白）啟元帥，楚國元帥囊瓦自刎。

孫　武：（白）兵進郢都，迎接大王進城。

（場面吹打，吳國君臣齊上，擁吳王進城。）

（眾同下）

第六場 歸山

（孫武便裝上）

孫　武：（唱二黃原板）數年中領雄兵東征西討，且喜得滅強楚瓦解兵消，我大王雖有那霸主心貌，怎奈他貪戀酒色快樂逍遙，好江山如圖畫富貴難料，怕的是勝無常敗必由驕，羅浮山春如錦桃花開了，急流中能勇退方是英豪。

（家院暗上）

孫　武：（白）想我孫武自下山來，率領雄兵，東征西討，戰無不勝，攻無不克，日前攻入楚國郢都，大王竟取楚王姬妾，荒淫作樂，有失王霸之體，此番下山，我之兵法十三章，亦已覆驗，羅浮山上桃花已開，不可再多留戀也。家院。

家　院：（白）在。

孫　武：（白）請伍大夫過府一敘。

家　院：（白）是！（下）
孫　武：（白）少時伍員到來，待我向他說個明白，早早回山便了。
（家院上）
家　院：（白）伍大夫到。
孫　武：（白）快快有請。
（伍員上）
伍　員：（唸）狼煙俱掃盡，將軍百戰功。
孫　武：（白）子胥請坐。
伍　員：（白）謝坐，先生今日寵召，不知為了何事？
孫　武：（白）子胥啊！
（唱西皮原板）連年征戰苦奔忙，祇見熱血染征裳，且喜雄師強無敵，為君報仇滅楚邦，功成身退古有訓，羅浮山上稻花香，今日與君從此別，
贈君兵法十三章。
伍　員：（白）先生真的要回山了。

孫　武：（白）正是。
伍　員：（白）祇恐大王不捨。
孫　武：（白）我亦不欲稟告大王，今日約子胥前來，有言奉告。
伍　員：（白）先生金玉良言，敢不洗耳恭聽。
孫　武：（白）我觀大王，近日恃勝而驕，且荒淫失德，非王霸之象，子胥應有自處之道。
伍　員：（白）這——
孫　武：（白）還有那伯嚭，外似恭順，內藏禍心，子胥是正直之人，還要小心暗算。
伍　員：（嘆息）咳！（白）此次滅楚，我大王種種淫亂，有傷天和，伍員亦有所見，只是員受吳王大恩，不能如先生一般得以急流勇退也。
孫　武：（白）人各有志，不能相強，子胥多加小心便了，留下本章，就煩子胥呈獻吳王。今日一別，再見無期，你我就此一拜，分手了罷！
（場面吹打，同拜介）

（幕後齊唱）
英雄百戰姓名揚，
陣斬美姬震吳王，
姑蘇台上將軍令，
梅里還留古教場。

——幕落，同下

——劇終

安瀾慶

安瀾慶

創作理念

從國劇的一個戲迷，轉化成為國劇劇本創作者，自己也覺得很「有趣」，因為我寫散文，數十寒暑，投下的心力都沒有國劇劇本來得多。

到成都去旅遊，到過都江堰，二千多年前的歷史人物，觸動了我的心弦，在三峽的游船上，看著滔滔江水，湧現了許多戲詞。

其實，李冰父子的故事，仍然有不少神話在，如「二郎斬蛟」就是一個很精彩的武打場面。然而，既然已「破迷」為主，那個故事便只好割愛了。

從前的國劇劇作家們，在創作一個新劇時，作「提要」的，寫「唱詞」的，定「場面」的，各有專司，集思廣益。所以，現在的劇本，能不能搬上舞台，恐怕還要有一番「折騰」呢！

劇情大綱

我國四川省成都附近，有「都江堰」水利工程，根據歷史記載，係距今二千多年前，戰國時代蜀郡太守李冰父子所建，由於此一重大工程之完成，使成都平原年年豐收，四川也名符其實成了「天府之國」。

此外，戰國時期有「河伯娶婦」的故事，這件事的主角是西門豹，和李冰並無關係。

「安瀾慶」為了剪裁的需要，將西門豹的事蹟，移植到李冰的身上，使得「都江堰」建成後，非但造福蒼生，抑且破除迷信，以增加戲劇效果。

本劇前半段著重「河神娶婦」，用以彰顯因地方官吏之顢頇，水利失修不思補救，反而聽信巫婆妖言惑眾，強取民女之外，更橫征暴斂，以饜私欲，從而導致地方凋蔽，人民離散之後果。

後半段則以李冰履任，破迷與興利，雙管齊下，而使人民人心震奮，齊心擁戴，終於造成「都江堰」之大功，李冰父子亦被後世尊稱為「二王」，千秋萬世，永享俎豆，其意義自然非比尋常。

國劇舊有「河伯夫人」，川劇則有「鄴水投巫」等劇目，均已失傳；唯李冰父子事蹟，並未入戲，「安瀾慶」之作，或可彌補上述缺憾也！

總目

人物總表

李　冰——生，蜀郡太守
張觀泰——生，灌縣居民，精水利
李二郎——武生，李冰之子
張慧英——花衫，張觀泰之女
胡大圖——丑，灌縣知縣
巫　婆——彩旦
三　老——丑（相當於現代之地方議會議員）
地　保——丑（相當於現代之村里長）
李　富——衙役，丑
大太監——淨
四龍套
六衙役

四小巫（少男）

二小太監

二門子，亦為家院

眾百姓，丫環，儐相

其他民間游藝可斟酌安排，不限人數

序幕　溺女

（衙役李富上）

李　富：（唸數板）說奇妙，真奇妙，河神也把老婆討，岷江水，浪頭高，奔騰萬里如山倒，都說河神本領大，馬屁不拍不得了，一年一個新嫁娘，送進江中不見了。縣太爺，有門道，別人送命他撈飽，老巫婆是胡說八道，裝妖作怪真胡鬧，三老不是好東西，助威吶喊是地保，可憐灌縣眾鄉親，無計可施向天告，但求蒼天睜開眼，看看百姓真苦惱！真苦惱！

（白）我，灌縣衙役的李富的便是，今日乃河神娶夫人的日子，奉了老爺之命，在這岷江邊上，設下香案，驅趕閑人，遠遠望見老爺來也！

（四衙役引胡大圖上）

胡大圖：（唸）河神娶新娘，本縣著了忙，但願神保佑，不要鬧災荒。

（白）下官胡大圖，官拜灌縣正堂，祇因這灌縣緊鄰岷江，常年水旱為災巫婆言道，她曾夢見河神，索娶新娘，方可保佑無災，因此每年清明，送一新娘入水，今乃清明吉日，左右：

眾衙役：（白）有！

胡大圖：（白）傳巫婆、三老、地保！

衙　役：（白）是，傳巫婆、三老、地保！

（巫婆、三老、地保同上）

巫婆等：（白）參見老爺。

胡大圖：（白）罷了，今乃清明吉日，河神新娘入水之期你等準備好了嗎？

巫婆等：（白）俱已齊備。

胡大圖：（白）如此，動樂，送新人！

（奏樂，老人送女上，女頭覆紅巾，穿吉服，後隨眾百姓）

老　人：（哭）唉，苦命的兒啦！

胡大圖：（拍案）這是喜事，你哭的甚麼勁兒，來人，送新人下水。

眾衙役：（白）是！

女　　：（哭）爹爹，保重了！

老　人：（哭）兒啊！

胡大圖：（白）休得拖延，送入水中。

（樂聲大作，熄燈，眾暗退）

齊　唱：岷江江水水滔滔，洗盡山河怨未消，淒涼最是河神婦，年年此日溺多嬌。

（幕落）

第一場　官憂

（家院引李冰上）

李　冰：（唸引子）治守成都，錦江山，不是畫圖。

（定場詩）聞道岷江波浪騰，千年水利化為塵，買女嫁作河神婦，不問蒼生問鬼神。

（白）下官李冰，蒙聖恩新授蜀郡太守，即將赴任，想那蜀郡向有天府之稱，唯有岷江水患，這些年來，非澇即旱，更聞得地方官有向河神獻婦，以求庇祐之事，實實荒唐，此番到任，總要興利除弊，為民造福者才是，仔細想來，未免令人憂煩也。

（唱二黃慢板）奉王命赴巴蜀心懷憂悶，為的是岷江水患坐臥不寧，想當初夏禹王導江有定，古蜀國杜望帝治水安民，三百年水利興天府有慶，念豐功最難忘丞相鼇靈，到如今丟卻了先民遺命，賄河神求自保那得安心，此一番去成都盡我忠藎，為黎民豈顧得榮辱人情。

家　院：（白）啟行在即，不免先讓二郎前去打聽民情，家院，喚大公子進見。

（白）是，有請大公子。

（內白：來也！李二郎上）

二　郎：（唸）胸中懷錦繡，志欲報君親！

（白）參見爹爹！

李　冰：（白）罷了！

二　郎：（白）喚兒出來，有何吩咐！

李　冰：（白）為父奉旨新任蜀郡太守，想那蜀郡連年水旱成災，民不聊生，近又聞得，灌縣竟有買女嫁與河神為婦之事，為父此去，必須革除此弊，治水安民，喚兒前來，意欲命兒先往成都，一者探聽當地民情，再者尋訪治水能人，為父一到，即可行事。

二　郎：（白）爹爹吩咐，孩兒遵命。

李　冰：（白）家院，掛起圖來。

（家院掛圖介）

李　冰：（白）兒來看！

（唱流水）手指圖形說端詳，蒼流滾滾是岷江，源頭來自高山上，迢迢千里向東方，山丘平原兩交盪，平疇萬里付汪洋，生民塗炭先治水，江水分流免受殃，聞道灌縣神娶婦，如此行徑實荒唐，我兒此番成都往，微服查訪莫聲張。

二　郎：（唱搖板）爹爹吩咐兒遵命，趕到成都走一場。

（白）孩兒先行了。

李　冰：（白）一路小心！

（二郎下）

李　冰：（白）家院，吩咐下去，明日起行者。

家　院：（白）是！

（同下）

第二場　民怨

（張觀泰上）

張觀泰：（唸）腹有詩書氣自華，春風未到吉人家，淒涼猶有岷江女，年年寒食哭天涯。

（白）老漢張觀泰，自幼也曾飽讀詩書，衹因時難年荒，不求進取，衹好在這灌縣城內，開一小小酒店，不過是謀個衣食。老妻邢氏，不幸在數年前亡故，膝下留有一女，名喚慧英，今年年方二十，倒也聰明俊秀，衹是標梅已過，嫁杏無期，而我灌縣這些年來，都要選女嫁與河神，似此光景，未免令人擔憂也！

（唱西皮原板）都只為水旱成災百姓受難，天府地竟成了煉獄陰山，大旱時無收成東離西散，洪澇時又見那啼饑號寒。三百年少整治河川浩瀚，又何況這灌縣民悍官貪。

（白）想那岷江這些年來，祇因水利不修，才告年年水旱失調，我也曾向太爺陳述治水之道，只奈今日為官作宰者，祇求近利，不圖遠功，水患一年勝似一年，其實可嘆也！

（唱原板）那縣官不愛民貪婪性慣，賄河神全不顧骨肉分駼，我雖有衝天志欲通河漢，怎奈何無門可入仰問天間。

（白）看天色不早，打開店門者。

（張慧英上）

慧　英：（唸）家貧難自給，無奈效當爐！

（白）參見爹爹。

張觀泰：（白）女兒起來了！

慧　英：（白）起來了，爹爹請坐，女兒奉茶。

張觀泰：（白）女兒，你也坐下。

慧　英：（白）是！

張觀泰：（白）這幾日街上人等紛紛言道，上流洪氾將來，縣太爺又下令選女送與河神，我兒需得多加小心才是。

慧　英：（白）想那河神娶婦，顯係子虛烏有之事，爹爹你也相信麼？

張觀泰：（白）為父當然不信，奈何縣官勾結巫婆土豪，小民無處可以申訴，何況當今官官相護，上憲即便知道，亦未必肯除暴安良，真乃劫數也！

（唱搖板）祇恨縣官太無良，放縱刁民勝虎狼，水旱失修他不講，大江之上送新娘。

慧　英：（唱搖板）貪官莠民人皆惡，任他宰割太善良，委曲求全非上計，告他一狀又何妨。

張觀泰：（唱搖板）我兒此言有志量，無奈何官官相護事尋常，噬虎不成反被噬，更妨他毒計找新娘。

慧　英：（唱搖板）河神之事太虛妄，分明是官民勾結攪亂鄉邦，何懼他使盡千般毒，我敢與奸人鬥一場。

張觀泰：（白）我兒忍耐忍耐，廚下收拾去罷！

慧　英：（白）遵命。（下）

（李二郎上）

二　郎：（唱西皮原板）揚鞭行馬走奔忙，忍聽黎民說短長，都道是天災又遇人禍廣，毀家滅戶實可傷，行一步來至在大街上，又見酒店在道旁。

（下馬介）

（白）老丈請了。

張觀泰：（白）客官是住店還是用餐？

二　郎：（白）我自遠方來，途中飢餓得緊，可有酒飯？

張觀泰：（白）酒飯倒有，祇恐粗礪不適尊口。

二　郎：（白）卻是為何？

張觀泰：（白）客官有所不知，我這灌縣原是通商大邑，祇因近年來天災人禍，黎民流離失所，我這小酒店，也祇有一些粗茶淡酒了。

二　郎：（白）不妨事，只要能果腹就好了。

張觀泰：（白）客官請稍坐，女兒，奉茶來！

（張慧英上，捧茶，低頭作羞態）

（李二郎見張慧英，作驚訝狀）

（張慧英下）

二　郎：（白）哦，老丈，這是何人？

張觀泰：（白）小女慧英。

二　郎：（白）啊啊啊，原是千金，何以親執漿湯？

張觀泰：（白）時難年荒，不得已也！

二　郎：（白）敢問老丈，此城何以荒涼至此？

張觀泰：（白）客官哪！

（唱搖板）田園流失廬舍荒，水旱失調是岷江，西川本是天府國，今朝逃難各奔忙。

二　郎：（白）地方官所司何事？

張觀泰：（白）唉，這地方官麼？

（唱搖板）官府不理民間怨，反為何神娶新娘。

二　郎：（白）你等百姓就任他宰割麼？

張觀泰：（白）我等無權無勢，能耐他何？

二　郎：（白）難道這岷江就無法可治了嗎？

張觀泰：（白）昔日夏禹王和望叢二帝，均曾整治有方，原有規模尚在，祇要稍加修建，即可恢復昔日光景，老漢也曾向縣太爺陳訴，怎奈人微言輕耳。

二　郎：（白）何不到成都去上告？

張觀泰：（搖手、掩嘴）（白）使不得，如今官場，上欺下瞞，官官相護，好官又在何處，客官，你是外來之人，不要在此惹禍，還是早早走了罷！

二　郎：（白）我一路辛勞，意欲在你的店房住上一天，不知可有空房？

張觀泰：（白）空房倒有，可別多言惹禍！

二　郎：（白）理會得。

張觀泰：（白）如此，客官請隨我來。

（同下）

第三場 巫惡

（三老、地保同上）

三　老：（唸）年年江水發，

地　保：（唸）歲歲進財多。

三　老：（白）請了。

地　保：（白）請了！

三　老：（白）想我們灌縣，年年都得為河神娶一新娘，今年清明即屆，洪泛將臨，大老爺已經將任務交代下來，要我們從速物色新娘，我們都到前面張家酒店，商議商議如何？

地　保：（白）言之有理，還請巫奶奶同行。

三　老：（白）理應如此。

三、地：（同白）有請巫奶奶。

（四小巫引巫婆上）

巫　婆：（唸）全憑胡言亂道，贏得萬貫家財。
三、地：（同白）見過巫奶奶！
巫　婆：（白）罷了，何事相召？
三　老：（白）河神娶夫人的日子快到啦，請你老人家同到張家酒店，商量商量。
巫　婆：（白）如此，一同前往！
（過場介）
三　老：（白）張老頭在嗎？
（張觀泰上）
張觀泰：（白）何事？
三　老：（白）我們與巫奶奶在此商量正事，趕快替我們準備好酒好菜，不得有誤！
張觀泰：（白）列位難道不知，近來市面蕭條，小店無法供應好酒好菜。
三　老：（白）哼，你怕我們不給錢，所以推託。
張觀泰：（白）實情如此，只好請列位將就將就。
三　老：（白）你這老頭刁蠻得很，哼，就將現成的酒菜端上來好了。

張觀泰：（白）女兒，將酒菜端上來。
（張慧英端菜上）
（巫婆站起，注視，又坐下）
（張慧英下）
巫　婆：（白）她是何人？
地　保：（白）張老頭的女兒。
巫　婆：（作狀）啊啊啊，好好好！
三　老：（白）今年為何神娶夫人，縣太爺已命全縣百姓，湊集百萬銀錢，其中二十萬作為新娘綵禮，縣太爺自留四十萬，尚餘四十萬由我等瓜分，如何支配，請巫奶奶的示下。
巫　婆：（白）這有何難，照往例罷了，祇是今年尋找河神夫人，非常困難，許多未字女兒，都已趕在期前婚嫁，適才見此店張老頭之女，年貌相當，只是不知已否定親？
地　保：（白）據我所知，張老頭眼光甚高，女兒尚無婆家。

巫　婆：（白）如此甚好，待我們向他提親！

三　老：（白）張老頭！

張觀泰：（白）何事？

三　老：（白）過來，巫奶奶有事問你。

張觀泰：（白）甚麼事要問？

巫　婆：（白）張先生，昨夜我夢到河神指示，言道今年神婦落在此間，適才見到你的女兒，正是神婦人選，現在先告訴你一聲，待稟明縣太爺以後，即將綵禮送來。

張觀泰：（白）你，你，你胡說些甚麼？

巫　婆：（白）將綵禮送來。

張觀泰：（白）呀，呸，你這妖巫，裝神弄鬼，妖言惑眾，現在怎麼找上我家來了。

巫　婆：（白）就是你家，是河神自己看中的。

張觀泰：（白）簡直一派胡言。

三　老：（白）張老頭，你不要敬酒不吃吃罰酒，河神看中的夫人，你不答應也要答應。

張觀泰：（白）放屁，就是你們這一班助紂為虐的小人，才把眾百姓弄得流離失所，我要上告，看你們能張狂到幾時。

三　老：（白）算了罷，張老頭，巫奶奶決定了的事，你還想走出灌縣一步嗎？

張觀泰：（白）你們這樣又與強盜何異？

三　老：（白）由得你去說。

（李二郎上）

二　郎：（白）老丈，何事爭吵？

張觀泰：（白）客官，你是外地人，不要多事吧！

二　郎：（白）倒底是甚麼事？

三　老：（白）告訴你也不妨，巫奶奶已得河神托夢，今年的河神夫人，就是張老頭的女兒。

二　郎：（白）竟有此事！

三　老：（白）怎麼著，你不相信是不是，告訴你，明天一送綵禮，三天後，張老頭的女兒，便要下水做新娘了。

二　郎：（白）你等好大膽！

三　老：（白）沒什麼啦，這是縣太爺特准的，尊駕你，明白了嗎？巫奶奶，咱們走！

二　郎：（白）且慢，付清酒飯錢。

三老、地保：（同笑）哈哈哈。（白）我們到他這兒來吃頓飯，可是他的光采，還要給錢，真是好笑。

二　郎：（白）不給錢不許走。

三　老：（白）這小子倒橫得很，我倒要試試看，我就要走，看誰敢攔。

（三老跨出一步，二郎用手一推，三老倒地。）

三　老：（白）喝，這小子玩真的，大夥上。

（地保與四小巫齊上，被二郎打得落花流水。）

眾　：（同聲）好好好，你等著！

（眾同下）

張觀泰：（白）這些人都是本地土豪，客官此番惹出事來了，我勸你還是早早走了罷！

二　郎：（白）不妨事，老丈但放寬心，我即刻前往成都，三日內必定趕回，相救令嫒。

張觀泰：（白）衹怕時間緊迫，來不及了。

二　郎：（白）老丈呀！

（唱搖板）老丈但把寬心放，塌天大事某承當，此去成都告一狀，貪官刁民一掃光，辭別老丈把馬上，管教他害民賊無下場。

（二郎下）

張觀泰：（白）看這位客官英氣逼人，俠肝義膽，令人可敬，但不知他真能有托天手段否？

（唱散板）土豪甘為巫婆倀，助紂為虐理不當，但願他此去消魔障，救我父女免禍殃。

（張觀泰下）

第四場　逼親

（二衙役、三老、地保、四小巫、巫婆同上）

巫　婆：（唸）奉了老爺命，捉女獻河神。

（白）列位請了，張氏女奉獻河神，已經縣太爺批准，我等帶了綵禮，前去帶人。

眾　　：（齊白）聽巫奶奶吩咐。

（眾齊下）

（張觀泰上）

張觀泰：（白）老漢張觀泰，自那日巫婆、三老、地保等人，被那客官打跑以後，這兩日紛傳河神即將娶婦，我意欲赴成都上告，怎奈那狗官派人把守四門，插翅難飛，那年少的客官又不見蹤影，思想起來，好不煩悶人也！

（唱西皮原板）張觀泰坐店中心神不定，這幾天為河神事難解死生，那岷江缺整治水旱不穩，縣太爺無計較行賄河神。斂民財縱土豪人心大憤，徵民女作神婦荒謬絕倫，但願得我的兒免遭惡運，怕只怕巫婆到大禍臨門。

（張慧英上）

慧　英：（唱西皮原板）都只為惡巫婆出言不遜，害得我老爹爹坐臥不寧，嘆只嘆眾黎民何其不幸，懼水患怕河神膽驚心驚，我雖是女兒身頗有心性，敢與那害人的賊子放手一爭，清晨起，捧茶湯爹爹奉敬，見爹爹悶悠悠愁鎖眉心。

（白）參見爹爹。

張觀泰：（白）罷了，一旁坐下。

慧　英：（白）爹爹這幾日悶悶不樂，茶飯無心，想是為那河神娶婦之事。

張觀泰：（白）我兒難道不知，那巫婆曾經言道，三日內要送來綵禮，將我兒獻於河神，這分明是要我兒命喪岷江，為父膝下祇有我兒一人，我兒喪命，為父的又豈能獨活？

慧　英：（白）事已至此，爹爹煩惱亦無用處，女兒如到堂上，定然叫這些狐群狗黨，臉上無光，兒雖死岷江，也要名留青史也，爹爹呀！

（唱搖板）爹爹且把心寬放，兒見贓官有主張，與賊辯理公堂之上，拼將此身付汪洋。

張觀泰：（白）話雖如此，為父的又怎生捨得啊！

（二衙役、三老、地保、四小巫、巫婆同上）

三　老：（白）到了，到了，嘎，張老頭今天沒開門。

地　保：（白）別給他跑了。

三　老：（白）不可能，巫奶奶已向縣太爺稟報，在四門派人守把，他是插翅也逃不了的，待我敲門。張老頭，開門來！

張觀泰：（白）何人喧嘩？

三　老：（白）你開門唄。

（張觀泰作開門介）

張觀泰：（白）原來是你們。

三　老：（白）前天發橫的那個小子呢？

張觀泰：（白）早已走了。

三　老：（白）算他走運。

巫　婆：（白）張先生，這是縣太爺賞給你的綵禮，收下罷，你女兒馬上跟我們走。

張觀泰：（白）呀呸，你等這些作威作福的走狗，竟然害到我家父女頭上，我跟你們拼了。

三　老：（白）張老頭，別發橫，我們可是奉縣太爺之命行事，你要講理，上堂去講罷。

慧　英：（白）你等這些狗才，膽敢無理，欺侮我家爹爹。

三　老：（白）嘎，快要做新娘了，還這樣子凶，嘖嘖嘖，河神老爺娶了你，也會怕老婆呢。

慧　英：（白）你這無恥的小人。

（伸手打了三老一個耳光）

三　老：（白）反了反了，你還打人，來，把她帶走！

（四小巫挾持慧英）

慧　英：（白）爹爹，爹爹，保重了。
張觀泰：（白）我兒，我兒，兒啦！
（眾急下）
（張觀泰追下）

第五場　履任

（四龍套、門子引李冰上）

（場面吹打，李冰拜印）

李　冰：（白）升堂！

眾　　：（齊白）啊！

李　冰：（白）本府蜀郡太守李冰，祇因近年來岷江失治，旱澇時見，人民流離，蒙聖恩命我鎮守成都，興利除弊。想這岷江的咽喉之處，當在灌縣，也曾命二郎前去私訪，尚未見他回來。左右，伺候了。

（李二郎上）

二　郎：（唸）不懼風塵苦，奔波為蒼生。

（白）來此以是府衙，待我問來，門上那位在？

門　子：（白）何事？

二　郎：（白）敢問李老大人接印了麼？

門　子：（白）已經接印。

二　郎：（白）煩勞通稟，李二郎求見。

門　子：（白）原來大公子到了，啟稟大人，大公子求見！

李　冰：（白）哦，他到了，傳他進來。

門　子：（白）是，請大公子進見。

二　郎：（白）參見爹爹。

李　冰：（白）罷了，命你去往灌縣，探聽民情，可有重大消息？

二　郎：（白）爹爹呀！

（唱流水）未曾開言怒滿腔，尊聲爹爹聽端詳，此番奉命灌縣往，貪利土豪太張狂，水利失修無計想，反將淑女做新娘，官民勾串如虎倀，十室九空民走光，能人獻上治水計，拒而不納實荒唐，明日又逢河神娶婦，可憐民女付汪洋，但求爹爹速速往，搭救民女整治岷江。

李　冰：（白）可惱啊！

（唱流水）聞言怒發三千丈，竟有貪吏把民傷，我兒且把寬心放，太守策馬赴岷江。
（白）左右！
門　子：（白）在！
李　冰：（白）速赴灌縣傳我之命，河神娶婦之事，本府要親自主婚，灌縣知縣不得擅專。
門　子：（白）遵命。
（門子下）
李　冰：（白）左右，即速前往灌縣者。
眾　：（齊白）是！
（眾同下）

第六場　衙鬧

（四衙役引胡大圖上）

胡大圖：（唸）烏鴉當頭叫，禍福難分曉。

（白）本縣胡大圖是也，今年河神娶婦，聽那巫婆言道，河神托夢於她，已看中張觀泰之女張慧英，也曾命他等帶去綵禮，聘請張家女兒，這般時刻，想必來了，左右，伺候了。

（巫婆、三老、地保、二衙役挾持張慧英同上）

巫　婆：（白）參見老爺。

胡大圖：（白）罷了，張慧英可曾帶到？

巫　婆：（白）現已帶來。

胡大圖：（白）帶她上堂。

（張觀泰急匆匆而上）

張觀泰：（白）我兒，我兒，慧英！

衙　役：（齊白）公堂之上，休得喧嘩！
胡大圖：（白）他是何人？
巫　婆：（白）張慧英之父張觀泰。
胡大圖：（白）怪啦，我不是叫他們給你送去綵禮啦，你上衙門來幹嗎？
張觀泰：（白）你這贓官，到任以來，只知道搜括民財，不理民怨，如今又聽這妖巫胡言亂語，年年買女獻與河神，實則是你們串通一氣，共同斂財，更是草菅人命，我祇有一女，也要被你們害死，我，我，我與你拼了。
胡大圖：（白）這老頭兒瘋了，不要理他，把他帶下去！
衙　役：（白）遵命。
（二衙役挾持張觀泰下）
慧　英：（白）爹爹，爹爹。
胡大圖：（白）張慧英！
慧　英：（白）姑娘在此。
胡大圖：（白）見了本縣為何不跪。

慧　英：（白）呀呸，你不跪我，已是不該，怎麼還要姑娘跪你麼？
胡大圖：（白）喲喲喲，好大口氣。
慧　英：（白）贓官，我來問你，你將我買為河神之婦，我便是河神夫人，是與不是？
胡大圖：（白）對呀，所以我才要恭喜你哪。
慧　英：（白）既然如此，你還不趕快求我，在河神面前替你說幾句好話，保佑於你。
胡大圖：（白）唉呀，這是沒影子的事兒，你怎麼當起真來啦。
慧　英：（白）如此說來，河神是子虛烏有的了。
胡大圖：（白）這，這，這我也不知道哇。
慧　英：（白）贓官哪！
（唱流水）大罵贓官良心喪盡，貪贓顢頇害黎民，那河神果然有靈驗，又豈能一年一次娶新人，分明是上下商量定，你聽那無知巫婆胡說云，赴水一死何足論，祇怕你千秋留罵名。

胡大圖：（白）反了，反了，小小女子，竟敢辱罵父母官，來人哪，把她押下去。

巫　婆：（白）老爺休要發怒，馬上就要祭江，把她送與河神，一了百了，看她還撒甚麼潑。

慧　英：（白）你這妖婆，終會得報應也！

（唱西皮散板）妖巫休要存僥倖，我看你報應快臨身。

胡大圖：（白）來人，準備祭江去者。

衙　役：（齊白）是！

（門子急上）

門　子：（白）灌縣聽命！

（胡大圖下位，拱手立）

門　子：（白）太守大人有命，岷江河神娶婦，大人要親自主婚，明日上午，大人親來灌縣，胡知縣，你要小心了。

胡大圖：（白）是，是，是！

門　子：（白）告辭了。

胡大圖：（白）奉送。
（門子下，胡大圖歸座）
胡大圖：（白）下面聽者，張慧英暫送後堂，其餘人等，明日齊集十里長亭，恭迎太守大人。
眾　：（白）是！
（眾齊下）

第七場 迎李

（四衙役引胡大圖上）

（場面吹打，四龍套、二門子、李二郎引李冰上）

胡大圖：（白）參見大人。

李　冰：（白）免禮，江邊伺候。

胡大圖：（白）遵命。

（場面吹打，同下）

至此可以「半場休息」

第八場 役嘆

（衙役李富上）

李　富：（唸）聞說河神娶婦，太守也來主婚，大官小官一體，是真是假難分，可憐張家少女，馬上要作波臣，看來蒼天無眼，今朝水葬芳魂。

（白）我李富，今日河神娶婦，太守大人也來主婚，看來這神威顯赫，無可奈何，太爺有令，命我在江邊準備香案，遠遠望見大人來也。

（李富下）

第九場　淹巫

（場面吹打，四龍套、四衙役、二門子、李二郎、胡大圖引李冰上）
（三老、地保、四小巫、張慧英、張觀泰等隨後同上）
（巫婆、三老、地保見李二郎站在李冰身旁，不禁生疑，指手劃腳）
（張慧英、張觀泰見二郎亦表驚奇，二郎搖手示意）
（下場門設香案，上場門設公座）
（李冰坐上公座）

李　冰：（白）傳巫婆！

門　子：（白）傳巫婆！

巫　婆：（白）巫婆拜見大人。

李　冰：（白）我來問你，河神娶婦之事，可是由你從中傳遞消息。

巫　婆：（白）正是由小人代傳神命。

李　冰：（白）你是如何與河神傳話？

巫　婆：（白）河神有命，都會由夢中告知小人。
李　冰：（白）啊，啊，啊，原來是河神托夢於你。
巫　婆：（白）正是如此！
李　冰：（白）貴縣！
胡大圖：（白）卑職在！
李　冰：（白）想他的夢早已經貴縣查實過的了？
胡大圖：（白）卑職查過！
李　冰：（白）你是如何查的？
胡大圖：（白）每年送到江中的女子，都未回來，可知河神一定喜歡，這就證明巫婆所言不假。
李　冰：（白）所言不假？
胡大圖：（白）所言不假。
李　冰：（白）嘿嘿嘿，好個所言不假。不過如此做法，對河神未免不敬，來，這有本府的名帖，即煩貴縣指派地保，持往河神府，向河神面呈，今年所選神婦張慧英，是否為河神親自相中，取得河神回帖，本府要親送新娘入水。

胡大圖：（驚）（白）大人，大人，這不可！

李　冰：（白）有何不可，難道你欺瞞本府？

胡大圖：（白）卑、卑職不敢。

李　冰：（白）既如此，那一地保，速速前往拜見河神，得來回帖，報與我知，本府另有賞賜。

地　保：（跪下）（白）大人，大人，請你饒了我，我是不會游水的啊！

李　冰：（白）休得多言，送入江中。

（二衙役將地保推入江中）

胡大圖：（白）這、這便怎麼處？

（場面擊鼓）

李　冰：（白）這地保去了這般時候，未見回來，想是他身份低微，不為河神所喜，來，傳三老！

門　子：（白）傳三老。
三　老：（白）叩見大人。
李　冰：（白）你看那地保辦事無能，想是不為河神所喜，派你持本府名帖一往。
三　老：（發抖）（白）大、大人，這、這小的不敢。
李　冰：（白）休得多言，速去速回。
三　老：（不住磕頭）（白）大人饒命。
李　冰：（白）左右，送他入水。
（二衙役押三老入水）
（胡大圖、巫婆及四小巫在旁發抖）
（鼓聲由緩轉急）
李　冰：（白）這三老辦事也是如此不濟，傳巫婆！
巫　婆：（撲地跪下）（白）參見大、大人，求、求、求大人饒命。
李　冰：（白）你也不願到江中一行麼？
巫　婆：（白）大人饒命。

李　冰：（撲驚堂木）（白）大膽巫婆，妖言惑眾，殘害良家女子，速將不法情事，一一招來！

巫　婆：（白）是、是、是，大人容稟，祇因這岷江水利失修，災禍頻起，小的受三老、地保蠱惑，想出這「河神娶婦」的主意，假托河神托夢，騙騙百姓，這事也是本縣大老爺批准的。

胡大圖：（急跪）（白）卑職愚昧，祇因他們說是河神的指示，卑職便也信以為真了。

李　冰：（白）哼，你這巫婆，假傳河神之命，除了每年使一民女喪命之外，還有何圖？

巫　婆：（白）沒有、沒有了。

李　冰：（白）還敢隱瞞，拖下去打！

巫　婆：（白）別打、別打，我招，我招！

李　冰：（白）從實招來。

巫　婆：（白）是，縣太爺每年向縣內士民徵錢一百萬，其中二十萬作為綵禮，縣太爺留下四十萬，餘下的四十萬嘛，我得二十萬，三老、地保各十萬。

李　冰：（白）你等這班莠民，和這貪官勾結，為害鄉里。來人，即將巫婆押入大牢，秋後處決，四小巫狐假虎威，各責二十大板，逐出灌縣。

巫　婆：（白）這下全完了。

門　子：（白）押下去！

（二衙役押巫婆、四小巫下）

李　冰：（撲驚堂木）（白）胡知縣，你可知罪？

胡大圖：（白）卑職知罪，請大人容情。

李　冰：（白）你貪贓顢頇，殘害子民，豈能容得，來！褫下冠帶，押入監中候審。

（胡大圖脫下冠、服，由二衙役押下）

李　冰：（白）傳諭眾百姓，岷江水患，並非河神所為，乃水利失修所致，本府不日即行整治，在此期間，如再有人妖言惑眾，一律處以重刑。本府今日向眾百姓昭告，即日起自行齋戒，治水大功未成，絕不輕動葷酒。

（幕內群起歡呼聲）

李　冰：（白）有請張先生。

門　子：（白）有請張先生。

張觀泰：（白）參見大人。

李　冰：（白）張先生請坐。

張觀泰：（白）豈敢！

李　冰：（白）有話相商，毋庸客氣。

張觀泰：（白）學生大膽了。（坐）

李　冰：（白）二郎，見過張先生。

二　郎：（白）拜見張先生，您可好！

張觀泰：（驚異狀）（白）這位是——

李　冰：（白）小兒二郎。

張觀泰：（白）原來是公子，失敬了，日前前來敝處，公子英氣逼人，令人欽敬，祇是不知公子到來，多有怠慢。

二　郎：（白）豈敢。

李　冰：（白）這位想是令媛？

張觀泰：（白）正是小女，來，見過大人。

慧　英：（白）參見大人。

李　冰：（白）聞聽人言，令嫒在大堂之上，痛責贓官，義正詞嚴，不畏生死，可稱女中豪傑。

張觀泰：（白）大人誇獎，如非大人適時搭救，小女已作波臣，學生祇此一女，蒙大人再造之恩，實實感激不盡，大人收拾官常，懲治莠民，實乃我灌縣萬家生佛也。

李　冰：（白）為民作主，理所當為，何足當此。曾聞小兒言道，張先生有治水良方，本府正要叨教，敢煩過衙一敘。

張觀泰：（白）大人寵召，敢不應命。

李　冰：（白）如此，你我同行。

（眾同下）

第十場　治江

（門子引張觀泰、李冰上）

李　冰：（白）張先生請坐！

張觀泰：（白）謝坐！

李　冰：（白）本府出京之時，即知岷江水患，也曾繪得有圖，請先生指教。

張觀泰：（白）豈敢，學生亦有一圖，請大人過目。

李　冰：（白）如此，我們一同觀來。

（掛起兩圖，兩人相互一望，哈哈大笑）

李　冰：（白）你看兩圖繪製，幾乎是不差分毫，可見我二人同心。

張觀泰：（白）還是大人高見。

李　冰：（白）先生不必太謙，本府所見，不過是低上談兵，到底該如何施工，尚請先生指教。

張觀泰：（白）不敢，學生如有所知，定當傾囊以告。

李　冰：（白）想這岷江水利，過去歷經禹王及望、叢二帝整治，江水歸流，人稱天府，何以近年來水旱失調，為禍至此。

張觀泰：（白）大人有所不知，當年禹王治水，祇是粗具規模，望、叢二帝加以疏濬，先民勤奮，故能保持原狀，然而近些年來，官民荒疏成性，官貪民嬉，水利日荒，又因玉壘山擋住，江水橫溢，不能和下游連接，以致水旱失調也。

（唱流水）矗立巍然玉壘山，高屏一片立水間，江水斷流皆此患，上澇下旱非等閑，調節洪流防水旱，劈開玉壘破難關。

李　冰：（白）此乃正計，然則上游泥沙，如何排除？

張觀泰：（白）此一治水工程，首需「深淘灘，低作堰」，次則「遇彎截直，逢正抽心」，欲除泥沙，需建一飛沙堰，始能成功也。

（唱流水）水低處建成飛沙堰，江水過深應淘灘，金剛堤沖沙刷石防洪泛，水為我用截直取彎。

李　冰：（白）先生之言，本府茅塞頓開，今灌縣知縣貪贓瀆職，本府立即拜本進京，依法處治，敢煩先生暫代灌縣知縣之職，監督岷江工程，此乃為桑梓造福之事，先生諒無推托。

張觀泰：（白）學生才疏學淺，怎敢當此大任？

李　冰：（白）先生不必太謙，來、看衣更換。

（張觀泰換衣，拜李冰，李冰答拜）

李　冰：（白）本府尚有一事奉求，我觀令媛聰穎過人，意欲與我家二郎結為秦晉之好，先生意下如何？

張觀泰：（白）只是高攀了。

李　冰：（白）你我道義相交，何出此言，既承應允，本府將另請媒灼，依禮求親。

張觀泰：（白）就依大人。

李　冰：（白）請！

（同下）

第十一場　劈山

（眾百姓揹鋤頭、斧頭等工具上）

百姓甲：（白）列位請了，想我們灌縣居民，年年為了河神娶婦，羅掘俱空，如今幸得李老大人前來，破除迷信，懲治貪官，並訂定治水千年大計，此為我們後代子孫永享安瀾之始，今日開工劈通玉壘山，我等均要群策群力，早日使江水暢通，則往後可保水旱無憂也。

眾百姓：（齊白）說得甚是，我等自應出力。

百姓甲：（白）如此，我們趕往工地去看。

（眾百姓同唱山歌）

使君待我恩澤深，我報使君一片心，

且看萬眾齊努力，劈山引水見功成。

（眾齊下）

第十二場　望堰

（門子一人引李冰、李二郎、張觀泰同上）

李　冰：（白）本府蜀郡太守李冰，且喜岷江水患，得眾百姓萬眾一心，張親家日夜辛勞，同心整治，如今大功告成，本府已拜本進京，向聖上稟報，今日閑暇無事，不免到工地勘望一番，就煩親家嚮導。

張觀泰：（白）自應效勞。

（眾登橋介）

李　冰：（白）此鐵索橋是連絡兩岸麼？

張觀泰：（白）正是。

李　冰：（白）可曾命名？

張觀泰：（白）尚未命名。

李　冰：（白）就名為安瀾橋如何？

張觀泰：（白）妙得很，果然是永慶安瀾也。

李　冰：（白）登橋遠望，好一派江景也。

（唱西皮原板）登上了安瀾橋舉目遙望，見濁流滾滾處便是岷江，鐵索橋橫長空飄飄蕩蕩，岷江水轟轟響直向東方，這大江曾掀起滔滔巨浪，無情水散大地國禍民殃，此一番收巨龍重歸堤上，但願得天府之國長樂永康。

張觀泰：（白）大人一片為國為民之心，令人可敬。

李　冰：（白）唉，我也不過是盡心罷了，你看那上游突出之處，敢是魚嘴？

張觀泰：（白）正是魚嘴！

二　郎：（白）請問爹爹，這魚嘴有何用處？

李　冰：（白）魚嘴旨在分水，那上游的洪流，到此便一分為二，水勢也大為減緩了。

（唱西皮原板）見魚嘴不由人滿心歡暢，把江水分為二各奔一方，立江心挺住了洪流萬丈，更將那內江水導向外江。

（白）那就是飛沙堰，我等前往一觀。

（眾行介）

李　冰：（白）這飛沙堰之設，用在調節洪水，沖刷泥沙，上游水患，雖有千斤巨石，亦可由飛沙堰沖走，此堰一設，永無沙石淤積之虞，張親家之設計，可稱傑作也。

（唱西皮原板）飛沙堰溢出了巨流蕩蕩，檔泥沙節洪水功在四方，前魚嘴後離堆隔江相望，全仗那金剛隄分隔兩江。

張觀泰：（白）請往寶瓶口。

（眾行介）

李　冰：（白）這寶瓶口是將玉壘山一劈為二，江水由此洩出，連接下游河道，可永保水旱無憂，真乃鬼斧神工也。

（唱流水）你看那玉壘山從中劈斷，削出了寶瓶口峭壁如屏，祇見得水洋洋驚濤拍岸，進水口如雷發叫人心驚，這離堆分明是小山一嶺，又誰知開山功其利斷金，那治水大工程觀之不盡，還感謝百姓們萬眾一心。

（眾百姓上）

眾百姓：（齊白）使君造福我們也！

李　冰：（唱流水）眾百姓都道我愛民勤政，為政者最首要惠眾濟民，從茲後水旱從人不再饑饉，不負我為黎民一片誠心。

眾百姓：（齊百）大人愛民如子，管保名播千秋也。

（一門子上）

門　子：（白）啟稟大人，聖旨到。

李　冰：（白）回衙接旨。

（眾同下）

第十三場 功成

（場面吹打，二太監引大太監，四龍套引張觀泰、李二郎、李冰同上）

大太監：（白）聖旨下，跪聽宣讀。

眾　：（跪）（白）萬歲！

大太監：（白）奉天承運皇帝詔曰：蜀郡太守李冰，勤政愛民，興修岷江水利，功在黎庶，朕心甚喜，特晉封為工部尚書。李二郎輔佐有功，加封為治水都尉，均著回朝供職，所遺蜀郡太守一職，即由張觀泰補授，新修水利工程，賜名都江堰。旨意讀罷，望闕謝恩者。

眾　：（白）萬歲、萬歲、萬萬歲！

李　冰：（白）公公遠來，一路辛苦。

大太監：（白）為國宣勞，何言辛苦二字，祇是李大人，你這一番造福川西，才真的是功垂千古哪。

李　冰：（白）豈敢，下官昔日有言，都江堰不成，不動葷酒，今日工程初峻，公公又遠到前來，為此後堂擺宴，與公公接風。
大太監：（白）到此就要叨擾。
李　冰：（白）還有一事，亦煩公安玉成。
大太監：（白）李大人有何吩咐，儘管說來。
李　冰：（白）小兒二郎已求得張太守之女慧英小姐為婚，敢煩公公做個大媒如何？
大太監：（白）這樣現成的媒人，咱家是求之不得。
李　冰：（白）既如此，我等回京在即，即日為他們成親，不知張親家意下如何？
張觀泰：（白）但憑大人！
李　冰：（白）如此，速速張燈結綵，迎接新人者。
（儐相、丫環引李二郎、張慧英吉服上）
儐　相：（唸）一拜天地，二拜高堂，夫妻交拜，送入洞房，動樂！
（場面吹打，眾齊下）

尾聲 同慶

（二門子引李冰、大太監、張觀泰、李二郎、張慧英等同上）

李 冰：（唸）整頓岷江水，

眾 ：（同唸）川西第一功。

李 冰：（白）今日都江堰功成，眾百姓歡欣慶祝，我等登樓一觀。

眾 ：（同白）請。

（眾登上下場門樓台）

（場面吹打，正面掛上「都江堰」大匾）

（衙役李富上）

李 富：（唸數板）報報報，喜來到，巴蜀黎民哈哈笑，

都江堰，浪平了，滔滔巨浪歸水道，

人人都到使君賢，人人都說太守好。

張大人，把心操，安瀾橋上兩頭跑，

寶瓶口，飛沙堰，川西第一大功勞，
海宴河清民安泰，歲歲豐收樂唐堯，
跑旱船，踩高蹺，敲鑼打鼓鬧嘈嘈，
龍燈耍，獅子鬧，歡天喜地人笑倒。
這才是——
愛民好官人人敬，千年萬世美名標，
美名標。
（各種民間遊藝如旱船、蚌精、獅子、龍燈、高蹺，滿台飛舞，眾百姓拍手歡笑，熱鬧非常）
（燈漸隱，幕徐落，歌聲慢慢響起）
齊唱：濁流滾滾是岷江，水旱無常田疇荒，
如今幸有都江堰，遺澤千秋頌二王。

——幕落

——劇終

紅顏淚

紅顏淚

創作理念

陳圓圓與吳三桂，為關係明、清兩代興亡之關鍵人物，三桂因圓圓而衝冠一怒，置「家」與「國」於不顧，可見其迷戀之深。然三桂移鎮雲南之後，圓圓似已失去恩寵，裨史道她入庵修行以終，何以至此，顯因三桂之作為，圓圓難以認同，又無力矯枉，兩人之失和應非意外。

中國傳統專制社會中，婦女俯仰由人，向無地位，且須隨時承受「紅顏禍水」之譏評，殊欠公道；尤以吳梅村之「圓圓曲」一出，「慟哭六軍俱縞索，衝冠一怒為紅顏」兩語，竟成詩史；陳圓圓之「傾國傾城」，也因而成為亡國之端。

近來，大陸有人考證，陳圓圓有墓在峨嵋山，但久已湮沒，清光緒年間四川進士趙熙，八上峨嵋，曾獲睹圓圓遺詩遺畫，並作詩誌其事。本劇本之作，即本諸趙熙所云：「秋色禪天讀秘辛」之說；非為圓圓辯誣，實為當時婦女一掬同情之淚也。

至於陳圓圓之史事，疑真似幻，不欲深究矣！

劇情大綱

陳圓圓與吳三桂的故事，前半部曾經搬上國劇舞台，由朱琴心、郝壽臣搬演，劇情至清兵入關，二人重聚而後止，現存戲目。

本劇則為陳圓圓之後半部，以圓圓個人遭際為經，以南明、三藩史事為緯。按三桂之後半生，有封藩、弒主、稱帝三大事；封平西王遠鎮雲南，為清廷有計劃之舉，旨在利用三藩，消滅南明，吳三桂果如預料，並以絞弒永曆帝，完成澈底亡明之任務，隨之而來的清廷撤藩與三桂稱帝，亦在意料之中了。故此劇有一重要人物，即明代最後一個皇帝永曆帝，遭遇極慘，劇中特予加強。

戲劇並非正史，然亦不宜過於偏離史實，故以三桂之三大事，佐以圓圓之「三諫」，以彰顯圓圓之識見，待三桂覆亡，戲劇已至頂點。然最後一場「峨嵋埋玉」斷不可少，蓋圓圓雖不值三桂之所為，而三桂之情義終不能忘，故此場係為陳圓圓之淒涼一生作結，至關重要。

總目

人物總表

陳圓圓——花衫
吳三桂——生（第七場起掛白髯）
永曆帝——老生
順治帝——小生
趙　熙——生
傳　玉——老生
多爾袞——淨
范文程——老生
尚可喜——淨
耿仲明——武二花
番　王——丑
彰　泰——淨

馬　寶——淨（以下四人為吳三桂部將）

夏國相——武生

郭壯圖——淨

胡柱國——武二花

李定國——武生（以下四人為永曆帝諸臣）

沐天波——武老生

馬吉翔——丑

魏　豹——武二花

趙良棟——武生（以下四人為清帥彰泰部將）

蔡毓榮——武生

賴　塔——武二花

桑　格——武二花

慧　海——老旦

老　尼——老旦

大太監——淨

（以下班串）

永曆皇后

永曆太后

永曆太子

小太監

中軍

家院

丫環

報子

小僧

小尼

四龍套

四上手

四下手

楔子

（家院引趙熙上）

趙　熙：（唸）曲曲登山路，巡迴繞蜀江，來訪仙居客，仰望柏蒼蒼。（白）下官趙熙，四川人士，二甲進士出身，官拜御史之職，祇因老父仙逝，丁憂在籍，這峨嵋山上金頂寺方丈傳玉大師，是我多年方外舊交，今日閑暇無事，不免去找大師談禪。家院：帶路金頂寺。

家　院：（白）是！（帶路介）

趙　熙：（唱西皮搖板）翠谷青山佛子居，清風明月世間稀，凡夫何處銷俗骨，峨嵋絕頂上天梯。

家　院：（白）來此已是，看寺門緊閉，待我上前叫門，請開門來。

（小僧上，開門介）

小　僧：（白）施主何事？

家　院：（白）煩勞通報方丈大師，御史趙老爺來訪。

小　僧：（白）請稍待。稟師父、趙老爺來訪。

（傳玉上）

傳　玉：（唸）禪房終日靜，僧家一世閑。（白）阿彌陀佛，原來趙施主駕臨，有失遠迎，恕罪恕罪。

趙　熙：（白）豈敢，前來打擾清修，幸勿見責。

傳　玉：（白）老衲正盼有人敘話，請坐，徒兒奉茶。

趙　熙：（白）謝坐。（同坐介）

傳　玉：（白）施主來得正好，本山有一奇事，可與施主分享。

趙　熙：（白）有何奇事？

傳　玉：（白）鄰山尼庵住持，日前坐化，往生之前，差人送來一幅畫軸，一本詩集，以金頂寺乃峨嵋之首，諄囑老衲善為保存，老衲翻閱詩集，方知此詩已逾百年，作詩人是一女子，曾親歷本朝許多故事，留有「敘事詩」多首。

趙　熙：（急白）她是何人？

傅　玉：（白）展畫一觀，便知分曉。

趙熙、傅玉：（同白）你等退下。（家院與小僧同退。）

（二人展開畫軸）

趙　熙：（白）啊！畫中是一美人，還有一詩。（指詩，唸）梨花著就女兒身，無邊風月夜沉沉，但得一抔乾淨土，掩骨青山不留痕。姑蘇陳沅。（失聲急白）她，她就是吳三桂的寵姬陳圓圓麼？

（燈熄，幕急落）

第一場 分藩

（四龍套、大太監、兩太監引順治帝上）

順　治：（唸）李闖猖狂犯帝京，崇禎自縊失龍庭，十萬鐵騎驅賊寇，萬里江山屬大清。（白）孤，大清順治皇帝，自進入北京，登極以來，幸得皇叔輔政，范老先生操勞，國事倒也平順。祇是那南明後裔，迄未清除，未免煩心，不如宣皇叔及范老先生上殿，商議此事。內侍。

太　監：（白）奴婢在。

順　治：（白）傳旨宣睿親王及范大學士上殿。

太　監：（白）是，萬歲有旨，宣睿親王及范大學士上殿。

（多爾袞、范文程內應：領旨。同上）

多爾袞：（唸）忠心扶幼主；

范文程：（唸）指日定昇平。

多爾袞、范文程：（同白）參見皇上。

順　治：（白）罷了，二位卿家請坐。

多爾袞、范文程：（同白）謝皇上，不知皇上宣召我等，有何國事議論？

順　治：（白）我朝定鼎以來，南明餘孽迄未肅清，孤日夜憂心，故召二卿前來商議。

多爾袞：（白）這也不難，皇上可召見吳三桂、尚可喜、耿仲明三人，封以王爵，叫他們去掃蕩西南、嶺南、福建各地，至於江南、南京等地，臣親自率領精兵南征，定當掃盡煙塵，江山一統。

順　治：（白）如此甚好，祇是異姓封王，向無此例。

多爾袞：（白）如今用人之際，封王無礙，待大功告成之日，另作計較。

順　治：（白）范老先生以為如何？

范文程：（白）王爺此議甚好。

順　治：（白）既如此，宣吳三桂、尚可喜、耿仲明上殿。

太　監：（白）遵旨。萬歲有旨，吳三桂、尚可喜、耿仲明上殿哪。

（吳、尚、耿同聲內應，領旨。同上）

三　人：（同白）參見皇上，吾皇萬歲萬歲萬萬歲。

順　治：（白）平身。

三　人：（同白）謝皇上，皇上召見我等，有何旨意？

順　治：（白）大清立國，三卿居功至偉，自應加封官爵，有勞皇叔宣旨。

多爾袞：（白）遵旨，聖旨下跪聽宣讀。

（吳、尚、耿三人同跪）

三　人：（同白）萬歲萬歲萬萬歲。

多爾袞：（白）吳三桂等三人開國建功，加封吳三桂為平西王，鎮守雲貴；尚可喜為平南王，鎮守嶺南；耿仲明為靖南王，鎮守福建。欽此，謝恩。

三　人：（同白）謝皇上。

順　治：（白）三位卿家即日帶領兵馬，赴任去罷。

三　人：（同白）遵旨。

尚可喜、耿仲明：（同唸）百戰聲名震；

吳三桂：（唸）封王酬大功。

（三人同下）

順　治：（白）二卿看來，他等此行會成功否？

多爾袞：（白）一定成功。

范文程：（白）只怕成功以後，難以駕馭。

多爾袞：（白）等我掃蕩江南、版圖擴大，那時他們忠心便罷，如若不忠，嚇嚇！

順　治：（白）皇叔言之有理，無事，退班！

（眾同下）

第二場 移鎮

（二丫環引陳圓圓上）

陳圓圓：（唸引子）東風吹無主，花落自飄零。（定場詩）憶昔家居在橫塘，蓬門未識綺羅香，浣花溪畔採蓮女，飛上枝頭作鳳凰。（白）奴家陳沅，小字圓圓。生在姑蘇，幼遭家難，父母雙亡，家貧難殮。無奈賣身葬親，不幸淪入娼門。身處綺羅叢裡，俯仰由人；逢迎生張熟魏，忍淚含羞。田太師買我進京，幸遇吳郎，又驚國變。闖賊犯闕，大明皇帝喪命，將軍一怒，迎得清兵進京。革故鼎新，明亡清代，吳郎開國殺賊有功，奉召上朝見駕，尚未歸來。思量往事，好不傷感人也。（唱西皮慢板）自幼兒生長在姑蘇勝境，天平楓橫塘水湖上春痕，遭不幸二爹娘雙雙喪命，丟下我苦命女孤苦伶仃。家貧寒難入殮無人憐憫，沒奈何進勾欄賣身葬親。在院中每日裡歌聲舞影，朝迎秦暮送楚好不傷情。（白）那田太師將我買進京來，原本要獻與皇上，怎奈國事凋零，皇上也無心作樂呵。（唱西皮原版）田太師用重金將我買定，入宮門遭冷眼再進侯門。揀花枝娛座客依然舊景，吳將軍在席前一見傾心，誰料得毀銅駝乾坤翻滾，他一怒開雄關引進清兵。到今朝享榮華穿綢著錦，思往事怎能忘花落飄零。（白）唉，想那大明皇帝啊！（唱西皮搖板）望煤山無限慟至尊縊頸，可嘆我女兒身報國無門。

（內白：王爺回府。）

丫　環：（白）啟稟夫人，王爺回府。

陳圓圓：（白）那個王爺？

丫　環：（白）就是我家吳大將軍。

陳圓圓：（白）他，他封王了？

丫　環：（白）正是。

（四龍套引吳三桂上，隨即下）

吳三桂：（唱西皮散板）金殿封王多歡欣，喜信說與圓圓聽。

（陳圓圓迎介）

陳圓圓：（白）將軍回來了？
吳三桂：（白）回來了，圓圓你可好？
陳圓圓：（白）妾身甚好，呀，聞得將軍封王，容妾身道喜。
吳三桂：（白）圓圓免禮，今日上殿，萬歲親封平西王之職，永鎮雲南，即日就要啟程，你從速收拾，與我偕行。
陳圓圓：（白）妾身也要回去麼？
吳三桂：（白）那是當然，那雲南天外之天，我們正好去享清福也。
陳圓圓：（白）王爺，那雲南當下是清朝的土地，還是明朝的國土哇？
吳三桂：（白）現在不過是幾個南明餘孽，大軍一到，必當瓦解冰銷，自然成為我大清版圖了。
陳圓圓：（白）如此說來，王爺還要與明軍作戰麼？
吳三桂：（白）如果他們早早投降，自可免戰。
陳圓圓：（白）王爺呀！（唱流水）王爺當日鎮雄關，威名赫赫敵膽寒，祇因闖賊犯天闕，英雄一怒引兵還，到如今國事安排定，又何必東征西討馬不離鞍，卸甲歸田雙棲夢，我與你白頭偕老好湖山。

吳三桂：（白）圓圓，你有所不知也。（唱西皮搖板）皇上命我鎮天南，加封王爵非等閑，家國興亡平常事，萬里鵬飛指顧間。（白）休再多言，隨我赴雲南去者。

陳圓圓：（白）王爺如此吩咐，妾身遵命就是。

吳三桂：（白）這便才是。正是：（唸）九重丹詔下，

陳圓圓：（唸）間關萬里行。

（同下）

第三場　投荒

（永曆帝內唱二黃倒板）

永曆帝：（唱二黃倒板）奔南荒走出了梁州古道，

（永曆帝、后、太后、太子、李定國、沐天波、馬吉翔、魏豹等同上，一內侍前導，狼狽不堪。）

永曆帝：（唱迴龍）行一步一步難山高水險路迢迢。（二黃原板）吳三桂派大軍窮追猛擾，我君臣無計較捨命南逃，看難民載道，見老弱呼號，魄蕩魂銷，驚弓鳥怎經得殘兵叫囂，望故闕復國難淚盡荒郊。

李定國：（白）萬歲暫忍傷悲，此番深入南疆，定當借兵滅寇也。

永曆帝：（唱二黃原板）還指望借蠻兵再起爐灶，怕的是那番王意動志搖。

李定國：（白）萬歲呀，縱然如此，微臣也要竭盡忠忱，以保我大明一脈。

永曆帝：（白）李卿，查看一下，還有幾人隨行。

李定國：（白）有沐天波公爺、馬吉翔尚書，魏豹將軍等二十餘人。

馬吉翔：（白）萬歲，我等逃難至此，無衣無食，隨行眾官，都是如此疲憊，如何是好？

永曆帝：（白）眾卿萬里追隨，忠心可感，孤也是身無長物，無計可施。也罷，這有隨身金印一顆，馬卿可取去向番人換些食物使用罷。

馬吉翔：（白）臣領旨！

李定國、沐天波：（同白）萬歲，這是傳國之璽，如何使得？

永曆帝：（白）唉，國事至此，國璽留在身邊，也無用處，不如讓他們換個溫飽罷。

（唱二黃散板）漫漫長路路遙遙，飢寒交迫實難熬，窮途難顧傳國寶，且換柴米度今宵。

（四番兵引番王上）

番　王：（白）呔，你就是那明朝的皇帝嗎？

李定國：（白）正是萬歲，你是何人，不得無禮。

番　王：（假作拱手，白）失敬，失敬，我乃番王莽猛白，奉平西王麾下馬總兵的將令，將你們送往昆明享福，你們是自己走，還是讓我捆起來走。

李定國：（白）大膽番奴，竟敢劫駕？

番　王：（白）你不服氣，來來來，我們較量較量。

沐天波：（白）好番奴，待我沐天波先來會你。

（二人交戰，沐虛弱不敵，被殺）

李定國：（白）狗番奴，納命來。

番　王：（白）哈哈哈，看來你就是那李大將軍李定國了，你餓成這個樣子，還想與我交戰，去死罷！

（二人交戰，李定國力竭，吐血）

李定國：（白）萬歲，保重，臣不能保駕了。（吐血死）

永曆帝：（白）沐卿、李卿，卿家呀！（唱二黃散板）忠心耿耿把國保，一片丹忱赴陰曹。

番　王：（白）休得囉唆，馬總兵還等著你們呢！

（番王率番兵驅趕眾人同下）

第四場　辭府

（二家院、二丫環引吳三桂、陳圓圓上）

吳三桂：（唸）奉旨滇南鎮，大將顯雄風。（白）夫人請坐。

陳圓圓：（白）王爺請坐。（同坐介）呀！王爺移鎮雲南以來，前明各路軍兵，都已先後剿滅，連日來又調兵遣將，為了何事？

吳三桂：（白）夫人有所不知，雖然各路俱滅，尚有那永曆皇帝，逃往南荒，如不將他們擒住，終是我心腹大患，故而調派軍兵，前往追剿。

陳圓圓：（白）噯呀，王爺呀！（唱流水）你本是大明朝忠良之後，受榮封享爵祿掛印封侯。雖然是天數定輿圖換舊，也虧你一片石帷幄運籌，永曆帝無寸土鼠奔兔走，可憐他似喪家犬，有家難奔，有國難投。似這般落難人就該罷手，又何必調大兵，趕盡殺絕寸草不留。

吳三桂：（白）夫人那裡知道。常言道得好：「野火燒不盡，春風吹又生。」我欲永鎮雲南，又豈能不斬草除根。

陳圓圓：（白）王爺呀，自來雲南，你性情似乎大變了。
吳三桂：（白）這——
陳圓圓：（白）王爺有什麼難言之隱，不能對妾身一道麼？
吳三桂：（白）唉，日前吳中來人，言道崑山吳梅村有「圓圓曲」之作，辱及本藩，
我若不殺盡明朝宗室，誠恐朝廷起疑也。
陳圓圓：（白）這詩是怎麼說的呢？
吳三桂：（白）令人氣惱，不說也罷。
陳圓圓：（白）說說何妨。
吳三桂：（白）好，夫人聽了。（唸詩）鼎湖當日棄人間，破敵收京下玉關，慟哭六
軍俱縞索，衝冠一怒為紅顏——
陳圓圓：（急急站起，白）王爺，王爺！
吳三桂：（白）你，你是怎麼了？
陳圓圓：（白）這分明將大明朝亡國之責，丟在妾身一人頭上了。
吳三桂：（白）這是一派胡言，夫人萬萬不可介意，我已派人攜帶千金，前往崑山，

要那吳梅村，將這兩句詩改過。

陳圓圓：（白）哎，王爺呀！（唱西皮搖板）借兵原為復國謀，誰知一舉難回頭，千秋自有綱常在，怎能禁萬口相傳議論不休。（白）想來王爺就是為此，才要將明朝宗室趕盡殺絕的。

吳三桂：（白）這——

陳圓圓：（白）此事皆因妾身而起，想妾身乃不祥之人，不祥之身，常住府中，恐有礙王爺大事。妾身意欲到城外三聖庵中暫住，還望王爺不要多所殺戮，妾在庵中，日夕為王爺祈福也。

吳三桂：（白）這如何使得，本藩深愛夫人，豈可分居兩地。

陳圓圓：（白）王爺姬妾甚多，不愁無人侍奉，妾身雖住庵中，仍會常常回府，還望王爺恩准。

吳三桂：（手指陳白）你、你、你。（頹然）好、好、好，你——去罷！

陳圓圓：（白）王爺保重，妾身去也。（唱西皮搖板）往日裡都道是人言可畏，到今朝才知道眾口鑠金。

（二丫環扶陳圓圓下）

吳三桂：（白）想是她一時氣憤，稍待時日，再行接她回府便了。這、這是從何說起。

（下）

第五場　弒主

（四上手引馬寶押解永曆帝、后、太后、太子以及眾臣等過場下）

（四龍套、中軍、夏國相、郭壯圖、胡柱國等引吳三桂上）

吳三桂：（唸詩）騰騰殺氣滿征衣，獵獵秋風動大旗，天南開府威聲遠，一戰能驚百萬師。（白）本藩平西王吳三桂，奉旨鎮守雲貴，清除前明餘孽，前派總兵馬寶，深入南荒，捉拿那自稱永曆皇帝的朱由榔，未見回報，來，侍候了。

（報子上）

報　子：（白）報，馬寶將軍得勝回城。

吳三桂：（白）再探。（報子下）他已回來了，想是大功告成。（報子再上）

報　子：（白）馬寶將軍府門覲見。

吳三桂：（白）宣他進府。

（報子下，馬寶上）

馬　寶：（唸）獅子搏兔，一擊成功。（白）參見王爺。
吳三桂：（白）罷了，一路辛苦。
馬　寶：（白）為王爺效命，何言辛苦。
吳三桂：（白）那朱由榔等都已擒回了麼？
馬　寶：（白）俱已成擒。
吳三桂：（白）如此，帶上堂來。
（永曆帝等被二兵丁押上）
（吳三桂不自覺地站起，立於案左，面色惶然）
（眾喝：跪下。永曆帝等不理。）
永曆帝：（白）堂上何人？
中　軍：（白）大清平西王吳——
永曆帝：（白）敢是那大明朝平西伯吳三桂麼？
中　軍：（白）大膽！
吳三桂：（白）你，你——（頹然坐下）

永曆帝：（白）好一個平西伯，果然威風得緊，可惜，可惜你忘本了。

中　軍：（白）休得胡言。

永曆帝：（白）吳三桂啊吳三桂，你雖新朝勳臣，亦是舊朝重鎮，如今為虎作倀，忘卻宗考，你死之後，有何面目見列祖列宗於地下乎？（唱二黃快三眼）你本是舊勳臣我朝重鎮，膺爵秩任封疆受明大恩，李闖賊傾社稷先帝喪命，你也曾縞素誓師飲泣秦庭，事新朝欺舊主不留餘燼，狐假虎威趕盡殺絕你喪盡了良心，史有傳書有載千秋評論，難道你不怕萬古罵名。

吳三桂：（急急站起，白）你，你，你一派胡言，押下去，押下去！

永曆帝：（白）我看你橫行到幾時啊！

（二兵丁押永曆帝等同下）

吳三桂：（白）眾位將軍，處置他們，有何高見？

四　將：（同白）聽王爺示下。

吳三桂：（白）本藩之意如將他等押進京去，一路風險甚多，不如就在昆明將他等處死，再行上奏朝廷，未知眾位將軍意下如何。

四　將：（同白）王爺明見。

吳三桂：（白）既如此，就派夏國相、胡柱國二位將軍，前去獄中監督行刑，朱由榔等前明宗室，留他們一個全屍，均用弓弦絞殺，不可有誤。

夏國相、胡柱國：（同白）遵命。（二人同下）

吳三桂：（白）正是：掃盡狼煙歸一統，滇南永鎮我為雄。退堂。

（眾同下）

第六場　拒封

（四龍套、中軍引吳三桂上）

吳三桂：（白）本藩吳三桂，日前絞殺前明餘孽，早已拜本進京，未見旨意到來，左右，侍候了。

（內白：聖旨下）

吳三桂：（白）香案接旨。

（二太監引大太監上）

大太監：（白）平西王接旨。

吳三桂：（跪、白）萬歲萬歲萬萬歲。

大太監：（白）平西王吳三桂，遠鎮雲南，平定叛逆，南疆安寧，特晉爵平西親王，賞戴三眼花翎，永鎮雲貴，儀同開府。王世子吳應熊，著即進京，賜配建寧公主，加封額駙，欽此。望闕謝恩！

吳三桂：（白）萬歲萬歲萬萬歲。

大太監：（白）王爺，恭喜啦！
吳三桂：（白）公公遠來辛苦，後堂擺宴，請公公賞光。
大太監：（白）到此就要叨擾。
吳三桂：（白）請。
（家院上）
家　院：（白）啟稟王爺，眾位將軍前來道喜。
吳三桂：（白）有勞他們，明日堂上敘話。
家　院：（白）是。（下）
大太監：（白）王爺晉爵親王，依例應有王妃，萬歲爺也很關心那位陳夫人哪。
吳三桂：（白）啊啊啊，是是是，公公說得有理，這王妃自然是陳氏了。
大太監：（白）王爺既有榮華富貴，又有意中人作伴，真正讓人羨煞。
吳三桂：（白）公公取笑了。
大太監：（白）酒已夠了，咱家還得趕回京城覆命呢！
吳三桂：（白）如此，來人。（家院上）準備大禮，送公公啟程。

大太監：（白）怎敢再勞厚賜。
吳三桂：（白）不成敬意，送公公。（大太監下）哈，那小皇帝也關心王妃之事，只是圓圓住在庵中，不肯回府，也罷，待我前去一晤。（更衣）
（家院引路，敲門，小尼應門）
家　院：（白）煩勞報知師太與陳夫人，王爺來了。
小　尼：（白）啊，王爺來了。
（老尼、陳圓圓同上）
吳三桂：（白）師太，夫人在此多蒙照應，先此謝過。
老　尼：（白）不敢，理當如此。
吳三桂：（白）夫人，多日不見，你清減些了。
陳圓圓：（白）王爺可好？
吳三桂：（白）我好，祇是政務紛繁，進來又蒙皇上進爵平西親王，正不知如何報國呢。
陳圓圓：（白）王爺又升官了，妾身恭喜。

老　尼：（白）老身也要道賀。

吳三桂：（白）晉爵親王，例有王妃，本藩今日來此，是請王妃回府理事，免我後顧之憂。

陳圓圓：（白）這，這萬萬使不得，妾身出身微賤，安能享此大名，常言道：暴得大名則不祥，不要因妾身這不祥之身，耽誤王爺的大事。

吳三桂：（白）你這是多慮了，連當今的小皇上也都知道，你就是那個「紅顏」哪。

陳圓圓：（白）王爺休得取笑，妾身寄居庵中，倒也清靜，王妃之夢，斷非我想，還望王爺三思。

吳三桂：（白）你是我最中意的王妃啊！

陳圓圓：（白）王爺，我意已決，請王爺不必相強，如欲相逼，我只有剪掉這三千煩惱絲，削髮為尼了。

吳三桂：（白）你何故決絕如此？

陳圓圓：（白）王爺呀，（唱西皮搖板）圓圓生來多薄命，豈能越份享大名，清修欲得楊枝水，求菩薩還我清靜身。

吳三桂：（白）師太，你也幫我勸勸罷。
老　尼：（白）阿彌陀佛，夫人入道已深，勸也枉然。
吳三桂：（白）唉，圓圓，你何苦如此啊！
陳圓圓：（白）王爺不必如此，妾身心意已決了。
吳三桂：（白）我且回府，改日再來。
陳圓圓：（白）送王爺。（吳三桂下）（唸）多少酸辛事，藩王那得知。
（同下）

第七場　三諫

（四龍套引吳三桂上）

吳三桂：（白）本藩吳三桂，鎮守雲貴二十餘載，三省大小官員由我指派，凡百庶政，朝廷任我施為，倒也自在，祇是近日指派貴州巡撫，皇上迄未下詔，不知何故，來，侍候了。

（中軍匆忙上）

中　軍：（白）啟稟王爺，駙馬差人送信，現在府門。

吳三桂：（白）速速傳來。

中　軍：（白）是，王爺傳見下書人。（報子上）

報　子：（白）參見王爺。

吳三桂：（白）駙馬有何要事，派你前來。

報　子：（白）駙馬有書信在此，王爺請看，（取信介）

吳三桂：（看信介）朝廷有旨，三藩歸老遼東。啊呀呀，這不是傳說甚久的撤藩嗎？

這皇上真的不顧「永鎮南疆」的諾言，要將我等撤回遼東，這分明是要處置我等，如何使得，來，傳令升堂。

（四將同上）

四　將：（白）參見王爺，有何諭令。

吳三桂：（白）適才接到應熊來信，朝廷決定撤藩，看來我們將無葬身之地了。

四　將：（白）王爺此話怎講？

吳三桂：（白）諸位將軍，本藩在西南一隅，掃蕩煙塵，屢立大功，朝廷久已覬覦，此時撤藩，分明是削去我等兵權，由他宰割。

夏國相：（白）王爺，萬萬不可遵旨。

馬　寶：（白）如朝廷相逼，我等何妨擁戴王爺，和清廷一拼高下。

胡柱國、郭壯圖：（同白）馬將軍言之有理，我們反了罷。

吳三桂：（搖手、白）諸位將軍，我們不可言反，這中原原是我漢人天下，為滿人所佔，我們要以「興漢滅滿」為號召，何愁大事不成。

夏國相：（白）王爺所言極是，我們還是找個朱家人來，偽稱「朱三太子」，諸位以為如何？

馬　寶：（白）何須如此周折，難道說，我們王爺就做不得皇上嗎？

吳三桂：（白）大家還要再議。

胡柱國、郭壯圖：（同白）我們都願擁立王爺為皇上。

夏國相：（白）既然大家同心，我等就行朝賀之禮罷。

（四將同拜介）

四　將：（同白）恭賀皇上陛下萬歲萬歲萬萬歲。

吳三桂：（白）眾卿何必太急。

四　將：（同白）陛下須詔罷。

吳三桂：（白）這——既然如此，傳孤旨意，定國號為大周，改元昭武，定都昆明，滿朝文武，加升三級，全國子民改換衣冠。

四　將：（同白）遵旨。

吳三桂：（白）眾位將軍，此番定鼎，清兵必然來攻，我軍先發制人，即日興師北伐。

四　將：（同白）遵旨，明日恭請陛下教場點兵。
吳三桂：（白）退朝，（眾先後下）
（陳圓圓內叫：王爺，且慢，正欲退場之吳三桂，愕然站住，圓圓急上）
陳圓圓：（白）適才接到急報，朝廷撤藩旨下，王爺非但不遵，還要自立為帝，這，這如何使得，待我進府一勸，參見王爺。
吳三桂：（白）罷了，夫人進府何事？
陳圓圓：（白）妾身來勸王爺懸崖勒馬來了。
吳三桂：（白）此話怎講？
陳圓圓：（白）王爺呀，適才得到急報，王爺要自立為主了，妾身來此，特向王爺進言，萬萬不能稱帝，此事有三不可也。
吳三桂：（白）有那三不可？
陳圓圓：（白）當年你借清兵入關，漢人舊恨難消，此一不可也；王爺遠鎮雲南，絞殺明永曆帝，人心不附，此二不可也；王爺即使以朱氏宗室為名，恐亦無人能信，況王爺要自立為君，此三不可也。王爺呀！（唱西皮原版）

李闖賊破京師天昏地暗，崇禎帝失援助縊死煤山，家國恨令王爺起兵靖難，為借兵打開了山海雄關。大清國入中原以滿代漢，加封你平西王位列三藩，殺隆武絞永曆人心渙散，到如今你又要一統河山，妾身雖非男兒漢，卻也知綱常是賴天道好還，望王爺早縮手回頭是岸，做一個太平的王何等安閑。（白）王爺呀，想當年在京師之時，妾身曾勸王爺急流勇退，王爺不允；王爺在滇南追殺前明君臣，妾身也曾諫阻，勸王爺略留餘地；這一回麼，是妾身最後一次進言了。王爺卻道妾身是婦人女子，無大見識，想王爺已為妾身一人，受累不小，萬不可再蹈覆轍也。王爺啊！（唱西皮搖板）王爺不聽忠言諫，馬到臨崖後悔難。

吳三桂：（白）孤大事已定，夫人休再多言，來人，送夫人回庵。

陳圓圓：（白）王爺，你不聽良言，將來後悔莫及也，妾身去了。

（轉身，拭淚下）

吳三桂：（白）想清廷兔死狗烹，孤怎能束手待斃，這真是勢成騎虎也。（唱西皮散板）自道滅滿還興漢，騎上虎背下來難。（下）

第八場　遁跡

（丫環引陳圓圓上）

陳圓圓：（唸）進退無門甘作繭，春花秋露總成空。（白）丫環，有請師父。

丫　環：（白）是，有請師父。

（老尼上）

老　尼：（白）夫人回來了。

陳圓圓：（白）回來了，師父請坐。

老　尼：（白）有坐，今日夫人回到王府，為何來去匆匆？

陳圓圓：（白）師父有所不知，只因朝廷要將王爺調返京城，王爺不願，他，他要自立為君了。

老　尼：（白）有這等事，阿彌陀佛，只怕刀兵一起，生靈又要塗炭了。

陳圓圓：（白）正是如此，我若留在此間，玉石俱焚猶可，只怕還會引起其他事端，故請師父前來商議，能為我安排一清靜之地，容我清修。

老　尼：（白）這怕不方便，王爺怪罪，老身擔當不起。

陳圓圓：（白）師父呀，今日的平西王，已不是當年的吳三桂，他不在意我了。

老　尼：（白）話雖如此，還是稟告王爺為是。

陳圓圓：（白）稟告他麼，我就走不成了。師父呀，想我陳圓圓是個薄命之人，早喪父母，人海飄零，還因我故，多少人家破人亡，想是我前生孽報，但求修個來生。唉，師父呀。（唱二六）自幼兒雙親俱喪命，可憐我弱女墮風塵，人前強笑裝靦腆，背地裡含悲抹淚眼，送往迎來安足論，千金買玉入侯門，平西王待我（轉流水）恩情甚，他為我誤了報國身，往事前塵不堪問，我圓圓是個不祥的人，前生造孽今生應，我不修今世修來生。

老　尼：（唱西皮搖板）圓圓言來多酸辛，鐵石人兒也傷情，看來王府難再進。（白）也罷！（唱）助她逃出昆明城。（白）夫人休要悲傷，峨嵋山無相庵住持慧海，是我同門，夫人前去相投，自會照應，然而山中清苦，恐夫人難以忍受也。

陳圓圓：（白）師父呵。（唱流水）我不願纏頭花似錦，我不願百幅石榴裙，我不求珍饈與異味，我不求金玉寶和珍，但願我今生孽報盡，我寧願古寺伴青燈。

老　尼：（白）既然如此，夫人收拾收拾，明早起行，老身當派小徒同往，以免途中閃失。

陳圓圓：（白）多蒙師父厚愛，今日一別，再見無期，師父請上受我一拜。（拜介）

老　尼：（白）夫人不必如此，他日龍華會上，還有相見之日也。

陳圓圓：（白）師父請，（唱西皮搖板）鉛華洗淨尋仙境，蒼天憐憫我這薄命人。（同下）

第九場　冰銷

（趙良棟、蔡毓榮、賴塔、桑格四將起霸）

四　將：（同唸）柳營春試馬，虎帳夜談兵。（報名）雲貴總督趙良棟、綏遠將軍蔡毓榮、平南將軍賴塔、雲南提督桑格。

趙良棟：（白）列位將軍請了。

三　將：（同白）請了。

趙良棟：（白）元帥升帳，你我兩廂伺候。

三　將：（同白）伺候了。（分下）

（四龍套、中軍引彰泰上）

彰　泰：（唸）殺氣凌霄漢，森嚴刁斗寒，奉旨討吳逆，指日定天南。

（四將分上）

四　將：（白）參見元帥。

彰　泰：（白）罷了，站立兩廂。

四　將：（白）是。

彰　泰：（白）本帥平寇大將軍彰泰，祇因吳三桂興兵作亂，自立為大周皇帝，奉旨命本帥率各路大軍，掃平叛逆，今吳逆連戰皆敗，已是釜底游魂，我軍四方雲集，漸已合圍，眾位將軍。

四　將：（同白）元帥。

彰　泰：（白）今日一戰，必須人人奮勇，個個爭先，渠魁授首，就在今朝，我有一言，三軍聽了。（唱西皮散板）吳賊逆天妄稱皇，天兵四集誰敢當，今日三軍齊奮勇，立功殺賊姓名揚。

四　將：（白）元帥將令，我等記下了。

彰　泰：（白）如此，殺敵去者。（眾同下）

（二太監執燈籠扶吳三桂上）

吳三桂：（唱西皮原板）想當初在陣中百戰百勝，料不想今日裡坐困愁城，那玄曄真有那過人本領，弱冠年他竟能遙控全軍，十總兵一個個連番敗陣，最可嘆應熊兒命喪北京，圓圓女曾諫勸充耳不聽，悔如今退無路進又不能。

（白）孤大周昭武皇帝吳三桂，自登基以來，與清兵多次交戰，雖也曾攻城略地，奈何清兵勢大，我軍連番敗績，孤日夜煩憂，染成重病，看看日益沉重，恐將不起。我兒應熊早為玄曄所殺，這皇位只好傳給孫兒世璠了。來，傳旨眾臣進宮。

太　監：（白）領旨，眾臣進宮哪！

（夏國相、馬寶、郭壯圖、胡柱國同上）

四　臣：（同白）參見陛下。

夏國相：（白）陛下龍體欠安，現在可好些了麼？

吳三桂：（白）唉，越發沉重，看來要與眾卿永別了

夏國相：（白）陛下春秋正盛，何出此言？

吳三桂：（白）眾位卿家，孤一生殺戮太多，連日來但見惡鬼齊集，向孤索命，恐難長久，孤死之後，還望輔佐我孫世璠，孤與眾卿布衣相交，就此拜托了。

四　臣：（白）臣等遵旨，陛下保重。

吳三桂：（叫）啊呀呀，永曆皇帝，你來了，饒命呀饒命。
四　臣：（白）陛下，陛下醒醒。
吳三桂：（叫）父親，是孩兒不忠不孝，不仁不義。
四　臣：（白）陛下醒來。
吳三桂：（叫）圓圓，圓圓，不聽你言，如今悔之晚矣！
四　臣：（白）陛下醒醒。
吳三桂：（白）啊！（唱西皮散板）猛然間睜開了昏花眼，但只見眾惡鬼齊集殿門，
　　想是我造孽多終有報應——（死介）
四　臣：（白）陛下，陛下，陛下呀！（同哭）
太　監：（白）列位將軍，適才外廂來報，清兵攻城甚急。
夏國相：（白）果有此事。
太　監：（白）確是如此。
夏國相：（白）聖上尸骨未寒，清兵又來攻城，眾位將軍，你我奮力一戰，以報陛
　　下罷。

三　臣：（同白）我們殺出去。

（清軍與吳軍大開打，吳軍將領先後被殺被擒，吳世璠亦自城中被押出。）

（清兵、清將擁彰泰上）

彰　泰：（白）且喜一戰功成，滇南平定，吳三桂已死，吳世璠被擒，待我拜本進京向皇上告捷。眾位將軍（眾轟然應）隨我進城看。

（眾同下）

第十場　埋玉

（陳圓圓上）

陳圓圓：（唸）傾國傾城貌，多愁多病身，秋窗風兼雨，冷落又黃昏。（白）我陳圓圓，自來峨嵋，蒙師父收我為徒，替我剃度，賜名修靜。實指望晨鐘暮鼓，養性修心，怎奈多愁多病，常日臥床不起。今當深秋，聽風淒雨泣，好不悲涼，唉，想我圓圓啊。（唱反二黃）鐘鼓靜鳥投林黃昏時候，思前塵悲往事熱淚交流，離王府奔峨嵋冬來夏走，不覺得天涼時又到深秋。想當年與三桂田府邂逅，誰料想衝冠恨永不回頭，絞殺了永曆帝萬民詛咒，為稱帝與清廷反目成仇，可嘆我痴心妄想終難廝守，可嘆我回天無力隨波逐流，到如今在山中懨懨病久，怕的是熬不過歲尾年頭。

（慧海上）

慧　海：（白）老身慧海，只因徒兒修靜，連日病體懨懨，令人放心不下，今日有香客自雲南來，得知平西王爺已經喪命，王孫亦已被擒，如此大事，豈能不告訴與她。（推門）（白）修靜，你好些了麼？

陳圓圓：（白）師父，拖累你了，徒兒病入膏肓，恐難長久。

慧　海：（白）何出此言，倒是雲南情況，令人可慘，平西王爺喪命，王孫被擒，王府已瓦解兵銷了。

陳圓圓：（白）此話當真？

慧　海：（白）今早雲南香客到此，言之鑿鑿。

陳圓圓：（白）唉！（強忍，拭淚介）王爺呀王爺，當日不聽我勸，落得這般光景，其實慘傷，我與你雖不能同生共死，你對我一片深情，我終生感念。師父呀，我欲一祭王爺，還望師父允准。

慧　海：（白）你身子不好，不要傷心過度，不祭也罷。

陳圓圓：（白）生死異途，怎好不祭。

慧　海：（白）既然如此，待我與你擺上香案。

（陳圓圓掙扎起來，盈盈下拜。）

陳圓圓：（哭頭）王爺呀！（唱二黃小倒板）想當年相遇在京華。（二黃快三眼）遭不幸蟻賊滿城溷落花，鼎湖龍逝將軍怒，遂使邊軍起角笳，天南開府威權甚，倉皇稱帝主意差，到如今你身死家也破。（轉搖板）我淒涼無語哭天涯。（叫頭）王爺呀！

（昏倒介）

慧　海：（白）修靜醒來，修靜醒來！

陳圓圓：（醒來，白）師父啊，我頭昏目眩，四肢無力，想是大限已到，我死之後，勞煩師父將我埋在山巔一角，不封不樹，不使人知。師父啊！（唱二黃散板）埋玉青山事可傷，圓圓一曲記興亡，紅顏空有飄零淚，留與他人說短長。（死介）

慧　海：（白）修靜、修靜——

（幕急落、燈熄）

尾聲

（透明大幕、露出一線光芒，直射一墓碑。）

（墓碑上有大字，曰「修靜尼師之墓。」）

（兩個人影，分立碑側，一為趙熙，一為傳玉）

（樂聲響起，內合唱）

鏡裡圓圓此化身，峨嵋佛渡有緣人，

飄飄落葉花無主，方識風塵隱秘辛

（燈漸隱）

（幕落）

——劇終——

風塵誤

風塵誤

創作理念

長江北岸、揚州之南，有著名的瓜州渡，陸游有詩曰：「樓船夜雪瓜州渡、鐵馬西風大散關。」蓋指此也。瓜州渡口近建有「杜十娘祠」係紀念名妓杜十娘，其人其事，本屬訛傳，而乃立祠為祀，足證具有價值在。

杜十娘以一風塵女子，誤識士人，傾心相報，其奈識人不明，終有珠沉之嘆。我國傳統將娼優列為賤業，但民間文學中則對此輩頗多揄揚。如宋代韓世忠之夫人梁紅玉，助夫成名之李亞仙，均為妓籍中之佼佼者，所謂「聲妓從良，一世之煙花無礙」也。

所惜者，杜十娘有志追踵前人，奈何遇人不淑，大有王魁負桂英之嘆，此劇本已有舞台劇本，然創作不夠周延，不足以顯示杜十娘之情痴與堅定，故重加整理，並加強瓜州渡之訣別，藉示其堅貞。

劇情大綱

明代，浙江布政使之子李甲赴京應試，得識名妓杜十娘，十娘見其才貌俱佳，傾心侍奉，並在李甲床頭金盡之時，自出私蓄，贖身隨李甲南歸臨安。

時京師有賈者名孫富，百計圖謀杜十娘不得，乃尾隨孫舟南下，至瓜州渡口，大雪封江，孫富假意結識李甲、邀其飲宴，以「家教」說動李甲，並贈銀使李甲赴京應試，而將十娘讓與孫富。

李甲回舟後，與十娘相商，十娘方知遇人不淑，乃佯作應允，待孫富交付銀兩，即將過船之際，取出隨身所帶小箱，一一打開，內藏珍寶何殊鉅萬。

杜十娘痛責李甲有眼無珠，不知櫝中有玉，隨後即將珠寶全部扔入江中，自身亦投江自殺，岸上觀者同聲嘆息，幾欲將李、孫二人置於死地。

總目

人物總表

杜十娘——花衫
李甲——小生
柳逢春——生
孫富——丑
老鴇——彩旦
家院一
書僮一（來旺）
丫環二
船夫二
酒保一

第一場　訪豔

（李甲內白：來旺帶路。）

（李甲由來旺挑擔引上）

李　甲：（唱西皮散板）家中奉了爹爹命，披星帶月奔京城，但願此去文星現，鰲頭高中報親恩。

（白）小生李甲，表字于先，乃浙江紹興人士，爹爹現任浙江布政，只因大比之年將近，爹爹命我多帶銀兩，前來京城游學，連日攢行，且喜平安抵京，不免先去拜望柳逢春兄長。來旺，帶路，前往柳府一行。

來　旺：（白）是啦。來此已是。

李　甲：（白）上前叫門。

來　旺：（白）門上那位在？

（家院上）

家　院：（白）何事？

來　旺：（白）煩勞通報，臨安布政李公子拜見柳大爺。

（柳逢春上）

柳逢春：（白）何事？

家　院：（白）臨安布政李公子求見。

柳逢春：（白）啊！原來李賢弟來了，待我出迎。

（出介）

柳逢春：（白）賢弟來了。

李　甲：（白）兄長在上，小弟拜揖。

柳逢春：（白）不敢，且坐奉茶，不知賢弟早早到京，有失迎迓，當面恕罪。

李　甲：（白）豈敢！

柳逢春：（白）伯父老大人可好？

李　甲：（白）托庇粗安。

柳逢春：（白）現距大比之日尚早，賢弟何以匆匆來京？

李　甲：（白）奉家父之命，大比之前先來游學。

柳逢春：（白）賢弟高才，必掄魁首。
李　甲：（白）兄長過獎了。
柳逢春：（白）待愚兄與賢弟接風，你我同到那酒樓飲上幾杯。
李　甲：（白）且慢，小弟一路行來，聞得京師有一女子，名喚杜十娘，才貌雙全，
不知她是何人，仁兄可知道她麼？
柳逢春：（白）怎麼，十娘的聲名，竟然遠遠傳到江南去了麼？
李　甲：（白）正是，名滿江南。
柳逢春：（白）他乃京師第一名妓，果然才貌雙全。
李　甲：（白）既如此，想來她與仁兄一定熟識，我們就去見見她如何？
柳逢春：（白）使不得、使不得，此事若被伯父老大人知曉，豈不怪罪於我！
李　甲：（白）逢場作戲，只此一次。
柳逢春：（白）下不為例？
李　甲：（白）下不為例。
柳逢春：（白）如此，賢弟請！

（同下）

（丫環引杜十娘上）

杜十娘：（唸）嬋娟早被虛名誤，不知何日出風塵。

（白）奴家杜十娘，自幼不幸，父母雙亡，淪入平康，迎來送往，好不傷感人也。

（唱南梆子）遭不幸淪落在琵琶門巷，朝迎秦暮送楚身世淒涼，奴雖然青樓女頗有志量，似彩鳳無雙翼怎能飛翔，但願得結同心人間天上，學一個李亞仙得配才郎。

（李甲、柳逢春同上）

李　甲：（唸）未遂青雲路，

柳逢春：（唸）先到校書家。

二人同：（白）兄長

賢弟請

（杜十娘迎接）

杜十娘：（白）柳老爺來了，奴家萬福。

柳逢春：（白）十娘，我來為你引見一位才子，他乃浙江布政李公子，久仰芳名，特來奉訪。

杜十娘：（白）這就不敢。

李　甲：（白）啊，啊，果然是名下無虛。

杜十娘：（白）請坐，丫環，擺酒！

（同坐介，舉杯介，二人眉目傳情，柳逢春掩口微笑，樂聲輕柔。）

柳逢春：（輕咳）

李　甲：（白）果然是個絕色的佳人也。

杜十娘：（白）好個風流倜儻的公子。

柳逢春：（白）你二人且莫互相賣瓜，還是喝酒要緊。

杜十娘：（白）丫環取酒來。

（丫環取酒介）

（二人互敬介、互相傳情介）

柳逢春：（白）賢弟，酒已夠了，我們回去罷。

李　甲：（白）是，是，回去回去！

（作神魂不定狀）

杜十娘：（白）柳老爺、李相公好走，不遠送了。

李　甲：（白）柳仁兄，你太心急了。

柳逢春：（白）快回去攻讀書史要緊。

（二人同下）

杜十娘：（白）好一個俊俏的郎君也。

（唱西皮原板）我看他意綿綿風流模樣，人溫雅有高才絕世才郎，厭風塵我也想婦隨夫唱，無良媒空嗟怨暗自悲傷。

（下）

第二場　定情

（李甲、柳逢春同上）

柳逢春：（白）賢弟，那杜十娘乃風塵女子，逢場作戲還則罷了，是認真不得的，再說你場期即屆，如果不能金榜題名，如何向伯父老大人交待。

李　甲：（白）仁兄呀！

（唱西皮原板）自那日相逢後神魂不定，想必是有情人緣訂三生，望仁兄多費心好言幫襯，我與那杜十娘好事必成。

柳逢春：（唱西皮搖板）好言語來相告勸他不醒，柳逢春到做了兩難之人。

（白）也罷，賢弟執意要去，愚兄是攔阻不得的了，只是今日家下有事，不能奉陪，賢弟還是早去早回為是。

李　甲：（白）就依仁兄。

柳逢春：（白）少帶銀兩，多加小心！

（唱西皮散板）這都是紈褲子少年心性，琵琶巷圈住了粉面書生。（下）

李　甲：（白）仁兄慢走。啊，來旺那裡？

（來旺上）

來　旺：（白）公子，你喚我麼？

李　甲：（白）多帶銀兩，隨我去宜春院。

來　旺：（白）這，這使不得罷！

李　甲：（白）休得多言，隨我走！

來　旺：（白）是啦！（李甲下）我家公子這一頭栽進迷魂陣裡，只怕落得個「牡丹花下死」，我是他的奴才，我有什麼法子，走唄！（下）

（鴇兒上）

鴇　兒：（唸）門迎四方客，戶聚萬里財。（白）自家宜春院的媽媽便是，想我這宜春院，有了個杜十娘，門庭若市，這丫頭作怪得緊，有人出千金要梳攏她，她還不願，一心要自己選個才郎，她是我的搖錢樹，我也沒辦法。看今日天氣晴和，生意必好，王八的，掛上招牌者。

（來旺引李甲上）

李　甲：（唸）詩書收拾起，且來訪玉人。（白）來旺前去叫門。

來　旺：（白）是。喂，開門開門！

鴇　兒：（白）甚麼人大呼小叫的。

來　旺：（白）我們浙江李布政的公子，來看十娘姑娘。

鴇　兒：（白）原來是李公子，請進請進，十娘、出來迎接遠道的貴客。

（杜十娘內應：來了、上）

杜十娘：（白）啊，原來李公子來了。

李　甲：（白）小生來了。

杜十娘：（白）公子請坐。

李　甲：（白）來旺，先將三千兩紋銀交與媽媽。

鴇　兒：（白）這、這如何使得，哈哈，來了個大財主啦，王八的，準備擺酒。（來旺、鴇兒同下）

杜十娘：（白）公子如此抬愛，妾身如何消受。

李　甲：（白）十娘啊！

（唱流水）我愛你怯怯嬌模樣，更愛你素淨淡淡粧，但得眼前常供養，願學人間鳳求凰。

杜十娘：（白）公子，妾身乃煙花女子，雖守身如玉，但蒲柳之姿，豈敢妄想，願公子時來看顧，便是心滿意足的了。

（唱流水）你本是神仙來天上，奴家淪落在平康，一秉堅貞空自況，烏鴉豈敢妄想鳳凰。

李　甲：（白）十娘休得如此說法，小生今日此來，拼著不去考個前程，也要與十娘結成秦晉之好。

（唱流水）我與你三生早訂姻緣榜，更祈求白頭偕老地久天長，我若是誠心將你誑，自有那神靈兒做主張。

杜十娘：（白）妾身消受不起啊。

（唱流水）公子他把真心話講，十娘我心頭迷亂意茫茫，風塵中遇才郎原是妄想，想必是我心誠感動了上蒼。

李　甲：（白）來，我們飲酒。

（孫富匆匆上，鴇兒隨後死命拉住。）

鴇　兒：（白）我說孫大爺，你不要亂闖。

孫　富：（白）大爺有的是錢，愛怎麼闖便怎麼闖。

鴇　兒：（白）孫大爺，十娘已被李布政的公子包了。

孫　富：（白）真的有這樣的主兒，我偷看看總可以罷！

鴇　兒：（白）這不方便罷。

孫　富：（白）不妨事、不妨事，我不出聲就是了。

（作偷窺狀）

杜十娘：（舉杯，白）公子請！

李　甲：（白）十娘請，久聞十娘才氣過人，能為我清歌一曲，以飽耳福否？

杜十娘：（白）妾身不敢獻醜。

李　甲：（白）十娘休得過謙。

杜十娘：（白）公子不棄，待妾身獻醜。

（彈琵琶介）

（唱）泗水流，汴水流，流到瓜州古渡頭，吳山點點愁。思悠悠，恨悠悠，
恨到歸時方始休，月明人倚樓。

李　甲：（白）妙哇！

孫　富：（白）真好哇！
（鴇兒掩住孫富的嘴，拖走！）

鴇　兒：（白）不要吵，快走。
（鴇兒拖孫富下）

李　甲：（白）酒已夠了，十娘，我們安歇了罷。

杜十娘：（白）公子。（羞介）

李　甲：（唱南梆子）似劉阮入天台人間天上。

杜十娘：（唱南梆子）今日裡喜雙飛鳳舞華堂。

李　甲：（唱南梆子）愛十娘似天仙如花怒放。

杜十娘：（唱南梆子）敬公子文才好人品無雙。

李　甲：（唱南梆子）但願得結同心情深意廣。

杜十娘：（唱南梆子）但願得共生死地久天長。
李　甲：（唱南梆子）說不盡纏綿意春情惘惘。
杜十娘：（唱南梆子）杜十娘與公子共效鸞凰。
李　甲：（白）十娘，來啊！
（同下）

第三場　賈謀

（孫富上）

孫　富：（唸）一曲清歌，神魂顛倒，弄不到手，我命難保。（白）我孫富，空有家財萬貫，就是不能一親那杜十娘的芳澤，好不令人氣惱。我不免去找那鴇兒，商量一個妙計，把十娘弄進家中，我就是這個道理，我就是這個道理。

（鴇兒上）

鴇　兒：（白）咦，這不是孫大爺嗎？那陣風把你吹來的？

孫　富：（白）廢話少說，找杜十娘來陪大爺喝酒。

鴇　兒：（白）這、這有些兒困難。

孫　富：（白）這有何難？

鴇　兒：（白）她已被李公子包了，不接他客。

孫　富：（白）那有這個道理。（取出一錠大銀）你來看，這是怎麼？

鴇　兒：（白）這是銀子。

孫　富：（白）不錯，是銀子，給你打首飾的。你幫我忙，把十娘介紹給我，我有的是錢，還要重重謝你。

鴇　兒：（取銀，作不捨狀，白）孫大爺，這事你要有點耐心，我慢慢想辦法。

孫　富：（白）你要好久？

鴇　兒：（白）多則一月，少則十天。

孫　富：（白）如此，我等你的好消息。

（同下）

第四場　金盡

（來旺上）

來　旺：（唸）公子尋樂，兩手空空，如此荒唐，敗壞門風，老爺追究，來旺當沖，要保小命，趁早溜蓬。

（白）我來旺，保護公子進京赴考，不想公子迷戀杜十娘，銀兩俱已花盡，老爺知曉此事，一定嚴責於我，趁此手中尚有少許銀子，不如溜走了罷。

（下）（鴇兒上）

鴇　兒：（白）適才王八報道，那李公子的書童來旺已拐帶銀兩逃走，這可是孫大爺的機會來了，待我與李公子一談。有請李公子。

（李甲上）

李　甲：（白）媽媽何事？

鴇　兒：（白）李公子，你該付房飯錢啦！

李　甲：（白）叫那來旺支付也就是了，何必問我。

鴇　兒：(白)哎呀，李公子，你還不知道嗎?那來旺已經拐帶銀兩，逃之夭夭了。

李　甲：(白)有這等事?

鴇　兒：(白)誰來騙你?

李　甲：(白)這…待我思之。

鴇　兒：(白)李公子，我們這行戶人家，指看姑娘吃飯，你來了以後把我們家的頂尖姑娘包下了，以前你有錢，我們沒話說，現在你沒錢啦，十娘可要出來接客啦!

李　甲：(白)這，這怎麼可以。

鴇　兒：(白)不可以，也行，你拿一千兩銀子來，我把十娘賣給你，你把她帶回家去養著。

李　甲：(白)眼下我是分文全無呀!

鴇　兒：(白)那十娘就得接客。

李　甲：(白)你，你太急了哇。

鴇　兒：(白)也好，給你三天時間，兩者擇一。

李　甲：（白）這便怎麼處？這便怎麼處？十娘快來。
（下）
（杜十娘上）
杜十娘：（白）公子何事？
李　甲：（白）適才媽媽言道，來旺拐帶銀兩脫逃，媽媽要我將你娶回家中，如若不能，便要你接客。
杜十娘：（白）公子你的意思如何？
李　甲：（白）我當然有意與你同偕白首，只是媽媽索要身價銀一千兩，我身無分文啊。
杜十娘：（白）公子有何計較。
李　甲：（白）我有意找親友商借，但恐他們不肯助我。
杜十娘：（白）試試何妨？
李　甲：（白）只好前去一試，十娘你且等我。
（下）

杜十娘：（白）這就好了，待我請柳老爺前來一敘。

（下）

第五場　自贖

（柳逢春上）

柳逢春：（唸）誤入天台路，書生難回頭。（白）適才宜春院丫環來請，言道杜十娘有要事相商。想我那李賢弟自入院以來，將近一月，也曾多次勸說，只奈他執迷不誤，今日會會十娘，相機再勸罷了。來此已是，十娘開門。

（丫環上開門，杜十娘上）

杜十娘：（白）原來柳老爺來了，請坐！

柳逢春：（白）有坐，我那李賢弟呢？

杜十娘：（白）他上街去了，少頃即回。

柳逢春：（白）十娘有何事相召？

杜十娘：（白）柳老爺有所不知，公子在此一月，床頭金盡，鴇兒要他娶我，索身價銀一千兩。

柳逢春：（白）你，你也願嫁麼？

杜十娘：（白）柳老爺呀！

（唱流水）我與他山盟海誓結同心，我與他三生石上證前盟，郎不娶來奴不嫁，還承望柳老爺從中幫襯感你的恩情。

柳逢春：（白）十娘一片真情，令人感動，但不知你要我如何幫襯。

杜十娘：（白）實不相瞞，公子此去是向親友借錢，我想如此巨大的銀兩，恐難借到，這是千兩紋銀，就放在柳老爺處，公子如來找你，就請轉借於他。

柳逢春：（白）啊啊啊，十娘原係自贖。

杜十娘：（白）此事萬不可令公子及鴇兒知曉，唉！柳老爺啊！

（唱西皮散板）可嘆我淪落在煙花院境，遇公子才知道終脫災星。

柳逢春：（白）十娘所擇，自是佳偶，但我有一言相告，李家世代書香，素重門風，祇怕那李老大人不能容你，你要三思。

杜十娘：（白）我已想過，唉，這「易求無價寶，難得有情郎」，祇要公子娶我回家，我自有一片誠心，使我公爹原諒。

柳逢春：（白）既然如此，我照十娘尊意，不過，我仍是非常擔心啊。

杜十娘：（白）大恩不言謝，柳老爺，你保重了。

柳逢春：（白）告辭。

（下）

杜十娘：（白）這就如我之願了。

（下）

第六場　途窮

（李甲上）

李　甲：（唱西皮散板），閉門逐客推恩少，仰面求人忍辱多。（白）想我跑了半日，竟然一事無成，愧對十娘，十娘那裡。

（杜十娘上）

杜十娘：（白）公子回來了。

李　甲：（白）回來了。

杜十娘：（白）有無借到銀兩？

李　甲：（白）慚愧呀慚愧。

杜十娘：（白）公子不必如此，想是人情冷暖，公子，難道那柳老爺也拒人千里之外麼？

李　甲：（白）我不好意思去找他。

杜十娘：（白）卻是為何？

李　甲：（白）我那柳仁兄當日萬般勸阻，如今落魄至此，有何臉面前去見他。

杜十娘：（白）柳老爺乃熱心之人，見見何妨。

李　甲：（白）現在無有他法，只將向他開口了。

杜十娘：（白）速速前往，妾身等你回來。

（下）

李　甲：（白）唉，只好去柳府一行。

（下）

第七場　義助

（柳逢春上）

柳逢春：（唸）祇道勾欄迷俗客，誰知奇女出風塵。（家院暗上）

（李甲上）

李　甲：（白）來此已是，柳仁兄在家麼？

家　院：（白）原來是李公子，請進。

李　甲：（白）啊，柳仁兄，你可要救我一救。

柳逢春：（白）賢弟為何這等模樣。

李　甲：（白）說來慚愧，銀兩被來旺拐走，宜春院的鴇兒逼十娘接客，如若不然，便把十娘娶走，並索身價銀千兩。小弟身無分文，又和十娘情深似海，實難分開，故此前來求仁兄相助。

柳逢春：（白）賢弟有此良緣，自是好事，愚兄自應助一臂之力，祇是賢弟買美南歸，恐怕堂上責備，賢弟要多加小心。

李　甲：（白）仁兄嘉言，自當銘記。

柳逢春：（白）家院，取銀來。

李　甲：（白）多謝了。

柳逢春：（白）賢弟何日啟程，愚兄奉送。

李　甲：（白）這就不敢，告辭了。

（唱西皮散板）承蒙仁兄恩義廣，借我銀兩慰十娘。

（下）

柳逢春：（白）十娘有此收梢結果，也是她的福氣啊！

（同下）

第八場　辭院

（杜十娘上）

杜十娘：（唸）公子求人去，且聽好音來。

（李甲上）

李　甲：（笑）哈哈哈，這就好了。（唱西皮散板）人逢喜事精神爽，好與十娘說端詳。（白）且喜柳仁兄助我銀兩，待我回報十娘，十娘，我回來了。

杜十娘：（白）公子，此去如何？

李　甲：（白）我那柳仁兄真是義薄雲天，助我紋銀千兩，我們好事得偕了。

杜十娘：（白）這真要感謝柳老爺的大恩大德。

李　甲：（白）事不宜遲，十娘且去收拾，待我與鴇兒取回你的身契，交付他身價銀兩。

杜十娘：（白）公子如欲長行，不知路費已經準備了麼？

李　甲：（白）這，這還不曾。

杜十娘：（白）公子不必心焦，這一小箱，乃院中姐妹所贈，內有釵環首飾，可供行路之資，公子好生保管，如有需用，鑰匙在妾身之處。

（取小箱交付後下）

李　甲：（白）媽媽那裡？

（鴇兒上）

鴇　兒：（白）何事？

李　甲：（白）這是一千兩紋銀，你要言而有信。

鴇　兒：（白）哇，弄假成真啦，也好，這一千兩夠我買十個了，讓她走。

李　甲：（白）身契呢？

鴇　兒：（白）瞧你不出，鑾內行的，哪，身契拿去。不過我要告訴你們，不許再在我院中停留，帶著隨身衣物，即刻就走。

李　甲：（白）哼，那個還要住這裡啊。（下）

鴇　兒：（白）這如何向孫大爺交待，孫大爺，孫大爺。

（孫富上）

孫　富：（白）怎麼著，事成啦！

鴇　兒：（白）砸啦，我的搖錢樹也沒啦。

孫　富：（白）怎麼砸啦！

鴇　兒：（白）我原以為李公子窮得光溜溜的，誰曉得他居然湊足身價銀子，我只好讓十娘跟他去啦。

孫　富：（白）不成，你坑我，我要和你算帳。

鴇　兒：（白）慢來、慢來，我有計較，他們雇船回南，你也雇船跟著，我料他們途中必然鬧窮，你一獻寶，十娘不就是你的人了嗎？

孫　富：（白）行得通。

鴇　兒：（白）一定行的通。

孫　富：（白）好，就這麼辦，再見再見。

鴇　兒：（白）成功了別忘了謝我呀！

孫　富：（白）會，一定會。

（兩人分下）

第九場　偕歸

（李甲、杜十娘同上，船夫隨上）

李　甲：（唱西皮原板）數九天駕扁舟風雪載道，攜嬌妻歸故里喜上眉梢，但願得老嚴親把兒恕了，一家人同歡慶共樂逍遙。

杜十娘：（唱西皮原板）跳出了煙花陣終身願了，全不顧天寒地凍路遠山遙，且喜得杜十娘三生有靠，也是我心志堅才有今朝。

李　甲：（白）船家，前面到怎麼所在了。

船　夫：（白）瓜州渡口。

李　甲：（白）瓜州渡麼？

船　夫：（白）是啦，公子，大雪封江，我們過不去啦！

李　甲：（白）這便怎生是好？

杜十娘：（白）既然大雪封江，不要強行，我們就在這瓜州渡停停，天晴再走。

李　甲：（白）娘子說的是，船家，在瓜州渡停泊。

船　夫：（白）是啦！

李　甲：（白）娘子，今日大雪滿天，寒風刺骨，你我就在船上飲酒驅寒如何？

杜十娘：（白）使得的。

（樂聲）

李　甲：（白）娘子，你我出京已有半月，幸喜雙宿雙棲，今日停船在此，長日無聊，娘子清歌一曲，以消永晝如何？

杜十娘：（白）相公此言差矣，妾身嫁與相公，已是良家女子，豈可再效那平康行徑？

李　甲：（白）是是是，卑人失言。

杜十娘：（白）今日停舶在瓜州渡口，相公可還記得，你首次會見妾身，妾身唱過的一首詞麼？

李　甲：（白）啊啊啊，有的有的。

杜十娘：（白）待妾身朗吟一遍，以記瓜州之行如何？

李　甲：（白）如此，卑人洗耳恭聽。

（輕柔的樂聲）

杜十娘：（唸）泗水流，汴水流，流到瓜州古渡頭，吳山點點愁。思悠悠，恨悠悠，恨到歸時方始休——

（孫富上，船夫隨上）

孫　富：（白）是我一路趕來，總算追上他們啦，我來聽聽他們在說些什麼。

杜十娘：（唸）月明人倚樓。

李　甲：（白）妙得很哪妙得很。

孫　富：（白）果然是杜十娘及李公子，待我動動腦筋，把他引出艙來。（作思考狀）啊，有了。（唸）雪滿山中高士臥，月明林下美人來。

李　甲：（側耳聽）（白）啊，此處竟也有如此雅人，船上煩悶得緊，待我出艙看看。

杜十娘：（白）外面風大。

李　甲：（白）不妨事。（出艙介）（杜十娘下）

孫　富：（白）請了，請了。

李　甲：（白）請了，適才朗吟，就是尊兄。

孫　富：（白）不敢，正是小弟。

李　甲：（白）敢問尊兄大名。

孫　富：（白）小弟孫富，敢問仁兄。

李　甲：（白）小弟李甲，適才聽得仁兄高吟，想是我輩斯文一脈。

孫　富：（白）不敢，班門弄斧，見笑了，今日大雪封江，船上實是無聊，岸上有一酒樓，小弟奉請仁兄前去飲上幾杯如何？

李　甲：（白）萍水相逢，豈可叨擾？

孫　富：（白）一見如故，去去何妨？

李　甲：（白）待我囑咐幾句，啊，娘子，我與這孫兄上岸飲酒，稍待即回。

（杜十娘內應：早去早回。）

李　甲：（白）孫兄請。正是：（唸）相逢如萍水。

孫　富：（白）何須問主賓。

（酒保上）

酒　保：（白）二位大爺用些什麼？

孫　富：（白）好酒好菜只管取來。

酒　保：（白）是，酒到菜到。

孫　富：（白）我們在此談心，不喚你不要上來。

酒　保：（白）是嘍。（下）

孫　富：（白）李仁兄仙鄉何處？

李　甲：（白）小弟紹興人士，家父現任浙江布政。

孫　富：（白）啊，失敬了，原來是布政公子，舟中是何人同行。

李　甲：（白）乃是小妾杜十娘。

孫　富：（白）啊，杜十娘敢是那京師名——（掩口）名……名花？

李　甲：（白）正是。

孫　富：（白）杜十娘被仁兄量珠聘去，真乃艷福不淺哪。

李　甲：（白）豈敢，豈敢。

孫　富：（作思考狀）（白）不妥呀不妥！

李　甲：（白）怎說不妥。

孫　富：（白）請問李兄，進京為了何事？

李　甲：（白）進京遊學，赴考。

孫　富：（白）如今呢？

李　甲：（白）送十娘回家，再赴京師。

孫　富：（白）是嘍，伯父老大人要你早早進京遊學，是讓你為赴考早作準備，你考場未進，卻把一個青樓女子帶回家去，想你們家門第高貴，老伯父豈容此女進門，所以我說不妥了。

李　甲：（遲疑）這——

孫　富：（白）還有一樁，這些青樓女子都是虛情假意，他隨你返家，安知不是另有圖謀？

李　甲：（白）不會的，十娘與我山盟海誓，永不離分，她不會有此想頭。

孫　富：（白）咳，你怎麼知道他的心思呢？敢問仁兄，可曾看到她有什麼可疑之處麼？

李　甲：（白）這，無有哇，（遲疑）她有一隻小箱，從不許人一碰，這——

孫　富：（白）是囉，這裡面就有文章啦！
李　甲：（白）這，這便怎麼處？
孫　富：（白）依小弟之見，那杜十娘絕不可帶回家去，如若不然，你定會被伯父老大人活活打死。
李　甲：（白）如此說來，我做事太孟浪了。
孫　富：（白）我有一法，可解仁兄之危。
李　甲：（白）請道其詳。
孫　富：（白）仁兄何妨將杜十娘丟下，返回京師赴考，得中以後，伯父老大人就原諒你啦！
李　甲：（白）我對十娘難以割捨啊！
孫　富：（白）你捨不得她，等你一回臨安，人財兩失，伯父老大人又不認你，你可怎麼辦呢？
李　甲：（白）回京赴考，我是連路費都無有啊！
孫　富：（白）小弟有一計較在此，李仁兄如欲回京，小弟贈銀一千兩。

李　甲：（白）這怎麼使得。
孫　富：（白）不過，十娘卻必須相讓。
李　甲：（白）這更使不得。
孫　富：（白）既如此，不談，我們喝酒。唉！祇怕你（唸）今朝捨不到，將來後悔遲啊！
李　甲：（白）容我思之。
李　甲：（背供）唉呀，孫兄所言極是，怎奈我如何對十娘言講呢？
孫　富：（白）不妨事，今夜回船，先和她商議商議，如果她願意了，你還有什麼擔心的。
李　甲：（白）只好如此，酒已夠了，你我各自回船安歇了罷。
孫　富：（白）請。
（二人分下）

第十場 驚變

（杜十娘上）

杜十娘：（唸）江上北風緊，旅人心內焦，捲起千堆雪，更見一江潮。（白）相公上岸飲酒，未見回來，看風雪滿天，好不令人憂煩也。

（唱二黃原板）瓜州渡阻歸舟風雪飄飄，長江浪捲動了蘆荻蕭蕭，杜十娘出泥塗與郎偕老，心怯怯全不懼路遠山遙。雖然是我有心鉛華洗了，也虧得柳老爺報李投桃，此一番到臨安虔心盡孝，但願得二爹娘念我微勞。

（李甲上）

李　甲：（唱二黃搖板）適才孫兄一席話，不由心中亂如麻，存心不把她捨下，爹爹不容難回家。

（白）適才與孫兄一席深談，果然有理，只奈我與十娘恩深意重，事在兩難，唉！待我與十娘商量一番，再作道理。（登船介）

杜十娘：（白）相公回來了。

李　甲：（白）回來了。
杜十娘：（白）看你凍成這個模樣，還不坐下取暖。
李　甲：（白）多謝十娘。（長吁）
杜十娘：（白）相公長吁短嘆，難道有什麼心思不成？
李　甲：（白）這——無有哇。
杜十娘：（白）為何長吁短嘆？
李　甲：（白）這個——
杜十娘：（白）妾身既已隨相公南行，形同一體，相公有什麼心事，何妨對妾身言講。
李　甲：（白）唉，十娘有所不知，適才與鄰船孫富一席談話，使我心中憂悶。
杜十娘：（白）卻是為何？
李　甲：（白）哎，十娘啊，是我奉了爹爹之命，進京赴考不料功名未就，反將你娶回家中，想我爹爹為人方正，豈能相容？
杜十娘：（白）我們掉轉船頭，讓相公再回京城應考，得中之後，再向公爹稟明，

李　甲：（白）我，我那來的盤費啊？也還不遲。

杜十娘：（白）不妨事，我那箱中——

李　甲：（白）那一點釵環手飾，濟得甚事，再說你本是一青樓女子，我爹爹那裡容得。

杜十娘：（立起、白）你，你竟道我是青樓女子麼？

李　甲：（白）我無此意，我爹爹是不能容得的。

杜十娘：（白）相公呀！

（唱二黃搖板）追隨郎君心志堅，不顧艱難萬里隨，忍心道我青樓賤，情緣未斷心已灰。

（白）依你之見呢？

李　甲：（白）孫兄對我言道，願助銀一千兩，讓我進京求取功名。

杜十娘：（白）那麼，我呢？

李　甲：（白）你麼，你——

杜十娘：（白）我怎麼樣啊？

李　甲：（白）你隨那孫兄回去罷。

杜十娘：（白）此話當真？

李　甲：（白）這是個好主意呀。

杜十娘：（怒極反笑）好好好。

李　甲：（白）我也說這法子不錯。

杜十娘：（白）不知那一千兩銀子過手沒有？

李　甲：（白）卑人不敢自專，但等十娘一言。

杜十娘：（白）我當然要去，那孫富一定是有錢之人，現成的榮華富貴，我如何不去！

李　甲：（白）如此甚好，卑人中酒，我要早早休息了。

杜十娘：（白）妾身再坐片時，相公先去歇息。

李　甲：（白）天色已晚，你快些來啊！（拉杜十娘，十娘甩開，李甲無趣，下。）

杜十娘：（白）相公，相公，他——倒睡著了。想我杜十娘好命苦也。

杜十娘：（唱反二黃原板）北風號大雪飛夜闌人靜，想起了當年事好不傷情，遭不幸淪落在勾欄院境，假殷勤強歡笑幾見真心。實指望嫁才郎鴛鴦同命，又誰知瓜州渡遇到災星，李公子無計較心神不定，要背盟只為了千兩紋銀。

（白）想我囊中珠寶價值鉅萬，何不向他說明。

（生內白）十娘，你是個青樓女子呀。

（白）呀，聽他夢中言語，他是把我當作青樓女子，一旦色衰愛弛，我還有什麼指望。哎，杜十娘啊杜十娘，你失去計較也！

（唱二六）鼓打二更聲聲聽，江上波濤岸上鈴，前塵往事終難信，何來風雪待歸人。

（白）柳老爺啊，柳老爺，我辜負了你的好心了。

（唱流水）譙樓鼓打三更盡，江天寂寂夜無聲，恨郎薄倖儂薄命，悔把終身付與人。

（白）想我身世飄零，遇人不淑，活在世間也是枉然，乘此夜深人靜，待我投江自盡了罷。

（出艙介）（白）且住，我這一死，少不得落個糊塗罵名，箱中珠寶又為薄倖郎所得，我死不瞑目也。也罷，清晨之時孫富前來迎娶，當著眾人把這些珠寶扔進江中，羞辱他二人一番，我再投江一死，我就是這個主意也。

（唱西皮散板）玉漏催殘到枕邊，孤幃此際轉淒然，餘香空有酸辛淚，那識芳心片片灰。

（白）四更已過，天已將明，待我喚他起來，相公醒來，相公醒來。

（下）

第十一場 珠沉

（李甲上）

李　甲：（白）且喜十娘願隨那孫富歸去，待我向他索取這千兩紋銀。孫兄，孫兄。

（孫富上）

孫　富：（白）事成了麼？

李　甲：（白）十娘正在梳妝，馬上過船，孫兄承應的那一千兩銀子呢？

孫　富：（白）早已準備，交與仁兄（交銀介）敢煩十娘即刻過船。

李　甲：（白）這是自然，有請十娘。

孫　富：（白）我們在這兒等著哪。

（杜十娘上）

杜十娘：（唱西皮原板）整新妝依舊是嬌嬈模樣，杜十娘出艙來難掩悲傷，見孫富喜孜孜歡生臉上，見公子捧紋銀意態洋洋，可嘆我女兒身隨人俯仰，可嘆我脫煙花難偕鸞凰，今日裡拼得個珠沉江上，要雙棲除非是大夢一場。

李　甲：（白）公子，那一千兩銀子已經過付了麼？

孫　富：（白）已經到手。

杜十娘：（白）你快點過來，你現在是我的人啦！

孫　富：（白）呀呀呸，孫富，我把你這黑心的賊子。

杜十娘：（白）你怎麼罵起人來啦。

（白）想我與李郎，歷盡艱辛，方能同偕白首，不想你花言巧語，竟生生破壞人家一段好姻緣，孫富呀孫富，你會遭到報應也。

（唱西皮搖板）萬里追隨到大江，瓜州渡口遇豺狼，花言巧語將人誑，生生拆散好鴛鴦。

（白）公子啊，你，你好狠的心也。

（唱西皮搖板）恨煞公子良心喪，聽信讒言說短長，自古良言不欺我，痴心女子薄情郎。

（白）想我萬里追隨，本想終身有靠，我這小小匣中，所藏珠寶，何止鉅萬，白銀千兩何足道哉，本欲回到家中，向堂上稟明，或可鑒念微忱，收留於我，不想你聽了旁人花言巧語，竟把我視為青樓賤女，賣於他人，這區區千兩紋銀，竟收買了你的良心，想我櫝中有玉，恨郎眼內無珠，我杜十娘雖死九泉，又豈能瞑目也。你來看（打開小匣，將珠寶丟入江中，李甲、孫富來搶，被推開）這些珠寶是我多年積蓄，如今付與東流，我麼。

（唱西皮散板）江水滔滔路茫茫，滿懷幽恨付汪洋，黃金有價人無價。（掃頭，投江。）

（群眾內叫：打死這兩個害人的王八蛋，打！打！）

李　甲：（白）快快逃命要緊。

孫　富：（白）快逃！快逃！（分自兩邊下）

尾聲齊唱：昔日王魁曾負桂，今朝李甲負十娘，芳魂已逐長江浪，瓜州渡口有餘香。

——劇終

南唐遺恨

南唐遺恨

創作理念

唐朝亡了，唐朝和宋朝之間，有五十多年的空檔，為五代十國分別傳承，五代雖為正統，但十國各據一方，和南、北朝時代的紛亂相似。

雄踞江南的南唐，傳到了第三代的李後主，他並不是一個有為的君主，卻是文學藝術界的一朵奇葩，這樣的人生在這樣的環境，加上一意要統一全國的宋朝，在北方虎視眈眈，李後主的前途可想而知。

李後主的一生，似乎是一個悲劇，尤其是他遭受亡國之痛以後，所留下的詞，淒切動人，傳誦千古。有人以為他應該做個文學家，不該做皇帝，這個觀點值得商榷，因為他如果不是帝王，便沒有那種刻骨銘心的際遇，很可能寫不出「卻似一江春水向東流」的名句來。

他的故事極富戲劇性，卻未能入戲，大概這是一個大悲劇，所以創作者不忍執筆，作者以此為題材，雖感惻然，但借古鑑今，仍有一番深意。

劇情大綱

李後主名煜，字重嘉，五代十國時南唐的第三代傳人，他是一個文學家、藝術家，卻不是一個政治家，在他治理下的南唐，充滿了奢靡風氣。但後主愛民如子，這是他得到人民擁戴的原因。

北宋的皇帝時時刻刻都在謀算他的江山，他不以為意，等到宋朝的大軍攻破金陵，一切都已遲了，他成了俘虜，和他心愛的小周后一齊被解送到汴京。在皇帝的淫威下，小周后被侮辱，李後主也無可奈何。最後還因為「浪淘沙」、「虞美人」二詞，被宋太宗以牽機毒藥毒死，一代才人，空留遺恨。

本劇為適應演出需要，將宋太祖趙匡胤和宋太宗趙匡義合為一人，歷史上兩人是分開的。其次是小周后在後主死後才死，但為了加強悲劇氣氛，讓她先行去世，戲劇和歷史，總是有那麼一點「衝突」的。

總目

第十二場　遙奠

人物總表

李後主——生
小周后——花衫
李穆——丑
徐鉉——生
曹彬——武老生
潘美等四將——武生、武二花
皇甫繼勳——武丑
趙匡義——生

以下班串

二太監

四龍套
四兵丁
二衙役
二中軍
二宮娥
二家院
一老婦
眾百姓

第一場　定情

（李後主內白：賢妹，隨我來呀！）

（小周后內白：陛下請！）

（李後主挽小周后手，同上）

李後主：（白）賢妹，請！

小周后：（白）陛下，請！

李後主：（白）賢妹，你看這花明月黯，薄霧無聲，你我同到唾珠亭畔走走如何？

小周后：（白）但憑陛下。

李後主：（白）賢妹呀！

（唱南梆子）唾珠亭畔風聲靜，良夜悄悄四無人，百歲良緣終有定，心心相印結三生。今夕同心喜交頸，卿須憐我我憐卿。

小周后：（白）賢妹，你可知此亭何以名為唾珠麼？

李後主：（白）妾身不知。

（白）當年我與你姐姐在此作戲，她以紅絨唾我，不想唾上亭柱，故稱之為唾珠亭，可嘆我與她緣分已盡，如非賢妹，這殘生怎麼熬過也。

小周后：（白）陛下呀！

（唱二六）承恩雨露心歡欣，款款深情幻似真，手提金縷如夢境，眼前果是意中人，今宵情緣（轉流水）前世定，勸君且莫負青春。奴奴自小偏憐甚，花開時節得逢君，一片丹忱盟誓証，祝告來往四方神，但願得國安家泰人歡慶，但願得人壽年豐世太平。

李後主：（白）賢妹呀！

（唱流水）賢妹衷腸實可敬，語語不忘眾黎民，願世間處處歡聲人有慶，願世間干戈不起息甲兵，雲淡風清良夜永。

李後主、小周后：（合唱西皮散板）我與你常依偎廝守終生。

（太監上）

太　監：（白）啟奏陛下，宋王有使南來，已經過江，明日前來參見。

李後主：（白）知道了，真是掃興得緊，擺駕回宮。

（同下）

第二場　召覲

（二衙役引李穆上）

李　穆：（唸）宣召李後主，奉旨下南唐。

（白）我大宋兵部侍郎李穆是也，祇因南唐後主李煜，聖上屢次宣召他進京朝覲，均藉故推諉，我主龍心不悅，令我前往金陵，宣召那李煜進京，衙役們，攢行者。

衙　役：（白）是！

李　穆：（唱西皮搖板）南唐後主實荒唐，不到汴京拜宋王，天子神威誰敢擋、調取李煜正紀綱。

（二衙役引李穆下）

（眾百姓上，過場下）

（二衙役引李穆上）

李　穆：（白）來此已是金陵，我昨日已派人前往傳知，何故城外無人來接。啊啊啊，我知道了，想是那李煜目中無人、看我不起。此番應召還則罷了，如若不然，哼哼……。

（眾百姓上，過場下）

李　穆：（白）咦，前面眾百姓為何如此紛亂？衙役們，前去問來。

衙　役：（白）列位請了，今日是何日子，如此熱鬧。

（內應：客官是遠方來的麼？）

衙　役：（白）正是！

（內應：這就難怪了，今天正是我主早朝之期，眾百姓要去拜橋、拜殿。）

衙　役：（白）何為拜橋拜殿？

（內應：這拜橋麼，主上車駕經過之橋，都會停下接受百姓的申訴，百姓們如有冤屈，可以跪在橋邊，等車駕經過時陳訴。）

衙　役：（白）那拜殿呢？

（內應：如果趕不及拜橋，也可趕往殿前訴冤，我主也會接受。）

衙　役：（白）原來如此，多謝了。大人可曾聽得明白？

李　穆：（白）聽明白了，如此看來，這李煜倒是個仁慈之君，祇是萬乘之尊，去做那小吏之事，看來仁厚必懦，這江山難得長久也。

（唱西皮搖板）從來皇帝須英武，仁懦為君難久長。

（同下）

第三場 金殿

（四龍套、二太監引李後主上）

李後主：（唸引子）鳳閣龍樓、萬古千秋，領南唐，百代無麻。

（定場詩）金陵王氣燦然揚，四十年來建南唐，祖宗百戰勳名在，一片山河萬代香。

（白）孤南唐後主李煜，表字重嘉，接位以來臣事宋朝，到也安樂。祇是宋王多次召孤進京朝覲，孤懼怕被扣京師，故派皇弟前往，兩年來迄未放歸，好不令人憂心。今當早朝之期，內侍。

大太監：（白）奴婢在。

李後主：（白）傳旨下去，打開殿門，讓百姓們申訴。

大太監：（白）遵旨，大開殿門者。

（二龍套開門介）

大太監：（白）聖上有旨，百姓們上殿申訴哪。

（內叫：冤枉。）

大太監：（白）何人喊冤？

（一老婦上）

老　婦：（白）老婦人的女兒，身懷六甲，只因偶犯小過，被禁在監，前者一舉生下兩個男娃娃，仍然不能釋放，請皇上開恩。

李後主：（白）果有此事，有司何不仁至此，著立即查明寧放還家，以後凡有孕之婦，均不准繫獄。

老　婦：（白）謝皇上開恩。

（老婦下，宰相徐鉉上）

徐　鉉：（白）參見聖上。

李後主：（白）罷了。

徐　鉉：（白）啟奏聖上，宋朝來使李穆，已到金陵。

李後主：（白）啊呀呀，孤竟把此事忘懷了，也未派人迎接於他，來使現在何處？

徐　鉉：（白）現在殿外。

李後主：（白）快快有請。

徐　鉉：（白）有請李侍郎。

（李穆上）

李　穆：（白）參見大王。

李後主：（白）免禮請坐，侍郎遠來有失遠迎，幸勿介意。

李　穆：（白）豈敢，李穆奉萬歲差遣，前來金陵，萬歲思念大王，渴望與大王一見，尚請早日登程。

李後主：（白）我亦欲往京師，怎奈國事煩多，未克成行。

李　穆：（白）像審案這些小事，實在不需大王操心。

李後主：（白）你道這是小事嗎？非也非也！

李　穆：（白）微臣不欲與大王爭較，此番奉使，萬歲嚴囑從速啟程，大王切勿稽遲，致遭後患。

李後主：（白）你這是恐嚇於我麼？

李　穆：（白）微臣不敢，還請大王三思。

李後主：（白）待我料理料理之後啟程。

李　穆：（白）何時啟程？

李後主：（白）大約明年此日，定可成行。

李　穆：（白）這怕不妥。

李後主：（白）侍郎回京向萬歲覆旨，還望美言。

李　穆：（白）大王心意已決，微臣告退。

李後主：（白）徐丞相代送。

李　穆：（背供）哼，李煜呀李煜，你妄自為大，我看你來日無多也，看這金陵城內，毫無兵備，待我回京奏報萬歲，早日出兵攻打南唐便了。（下）

李後主：（白）無事，退朝。（同下）

第四場　兵臨

（潘美、田欽祚、梁迴、郭守文四將上）

（起霸）

潘　美：（唸）鐵騎征南唐，

田欽祚：（唸）三軍士氣昂，

梁　迴：（唸）金陵已在望，

郭守文：（唸）指日渡大江。

四將合：（白）俺——（分別報名）

潘　美：（白）列位將軍請了。

三將合：（白）請了。

潘　美：（白）元帥升帳，你我兩廂伺候。

三將合：（白）請（分兩邊下）

（場面吹打、四龍套、二中軍引曹彬上）

曹　彬：（唸點絳唇）軍紀如鋼，將士如狼，軍威壯，征服南唐，金陵逮李王。（進帳坐）

（唸引子）欽奉聖旨下南唐，兵強將勇誰敢當，整頓河山歸一統，方顯男兒姓氏香。

（白）本帥曹彬，奉了萬歲旨意，率兵征討南唐，大軍已集，且是黃道吉日，正好發兵。中軍。

中　軍：（白）在！

曹　彬：（白）傳令，眾將進帳。

中　軍：（白）元帥有令，眾將進帳。

（四將同內白：得令。分兩邊上）

四將同：（白）參見元帥。

曹　彬：（白）罷了，兩廂站立。

四將同：（白）是。

曹　彬：列位將軍，此番征討南唐，大功成就之日，萬歲必有升賞。本帥久聞人言，南唐君主仁民愛物，此次討伐，是聖上因他拒不朝覲，有不臣之心，非關南唐百姓，爾等必須遵我將令，不得對南唐子民濫施殺戮，如違我命，重罰不貸。

四將同：（白）末將等遵令。

曹　彬：（白）如此，兵渡長江。

四將同：（白）咋。

曹　彬：（唱西皮搖板）軍聲怒震似奔雷，萬馬騰空逐電飛，王師掃破金陵地，且看將軍得勝歸。

（眾同下）

第五場　國破

（場面奏急急風，二太監引李後主匆忙上）

李後主：（唸）宋兵已略地，孤城可奈何，戰守無良策，唉，這，江山付劫波。

（白）內侍，軍情如何，速速打探回報。

大太監：（白）遵旨。（下）

李後主：（白）宣皇甫將軍。

小太監：（白）宣皇甫將軍上殿。

（皇甫繼勳上）

皇　甫：（白）臣皇甫繼勳參見陛下。

李後主：（白）未知軍情如何？

皇　甫：（白）陛下但放寬心，臣即率軍出城迎敵，管保一戰功成。

李後主：（白）全仗將軍，孤靜待好音，速速出戰去罷。
皇　甫：（白）領旨。（下）
（鼓聲緊迫，後主驚惶四顧）
（大太監上）
大太監：（白）啟奏陛下，大事不好。
李後主：（白）何事？
大太監：（白）宋軍已破西城。
李後主：（白）那皇甫將軍呢？
大太監：（白）保護他的家眷，迎降宋軍去了。
李後主：（白）你才怎講？
大太監：（白）迎降宋軍。
李後主：（白）呀，大事去也。（昏倒介）

二太監：（同白）陛下醒來，陛下醒來。

李後主：（醒介）（唱西皮搖板）聞道西城被攻破，皇甫繼勳竟反戈，用人不當誰之過，負國負民我罪多。

（白）內侍，那徐丞相呢？

小太監：（白）早朝未見，想也是投順宋營去了。

李後主：（白）嗐，祇怪孤荒疏政事，未納忠言，致使小人當道，落得這般光景，有何面目見祖宗於地下也。

（鼓聲急響）

李後主：（白）何故如此嘩鬧？

大太監：（白）待奴婢看來（下）

（鼓聲再響，後主起立，驚疑不定。）

（大太監匆上）

大太監：（白）啟奏陛下，宋軍已進宮門。

李後主：（頹然坐下）（白）啊——這宋軍來得好快也。

（鼓聲急響，四龍套、四將引曹彬上）

曹　彬：（白）上面坐的可是南唐國君麼？

李後主：（作戰抖狀）（白）是是是是。

曹　彬：（白）大王請即下殿接旨。

李後主：（白）啊啊啊，是是是。（跪）

曹　彬：（白）萬歲有旨，令你一家兄弟，即日解送進京，聽候發落。

李後主：（白）大、大、大將軍，萬歲要置我於死地麼？

曹　彬：（白）大王不必驚慌，萬歲祇是要大王進京伴駕，並無他意，大王可速速辭別太廟，整頓行裝，隨我進京去罷。

李後主：（白）是、是，遵命。唉！

（唸）國破家何在，餘生付杳茫。

（與二太監同下）

曹　彬：（白）且喜南唐平定，大功告成，待我拜表進京，向萬歲報捷便了。

（場面吹打，同下）

第六場 辭廟

（四兵丁、二太監、二宮娥引李後主、小周后上）

李後主：（唸）倉皇辭廟日，垂淚對宮娥。

小周后：（唸）淒切多風雨，前途淚更多。

李後主：（白）你看這國破家亡之日，風淒雨切，我有何面目去見列祖列宗啊！

小周后：（白）事已如此，祇望祖宗保佑陛下此行平安，祖宗泉下有知，也當曲諒。

（至太廟，拜介）

李後主：（白）祖宗啊！（再拜）

（場面奏哭皇天）

李後主：（唱西皮原板）聽教坊奏离歌淒涼婉囀，又只見眾宮監熱淚滂沱，好江山怎經得無邊烽火，嘆龍樓悲鳳閣轉眼銷磨，辭廟日哭祖宗心馳神遠，意徬徨心怛惻前路坎坷，從今後到北方身為臣虜，別江南更怕見風急雨多。

（四龍套引曹彬上，眾百姓隨上）

曹　彬：（唱西皮搖板）領雄師破江南大事底定，奉聖命押李煜早赴汴京。

（白）見過大王。

李後主：（白）將軍來了。

曹　彬：（白）大王辭廟已畢，即可登程。

眾百姓：（跪下，同白）陛下保重了。（同哭）

李後主：（白）將軍稍待片時，這些都是我朝百姓，待我囑咐他們幾句。

曹　彬：（白）大王速速行事，休得拖延，免得擔誤行路。

李後主：（白）自當遵命。

（曹彬下）

李後主：（白）孤的子民們，我李氏治國金陵，近四十載，並無德政以惠民，反讓你們連年飽受兵災之苦。孤以全家入宋，再見無期，你、你、你們不要相送，散去了罷。

眾百姓：（拜）（白）陛下保重龍體，還望早日南歸也。

李後主：（白）那是一場春夢了。

（唱流水）江南江北舊家鄉，四十年來作帝王，吳宮花草終寥落，廣陵台殿付蒼涼，片舟雖載愁千種，揮別金陵淚萬行，兄弟四人三百口，回首黃粱夢一場。

（白）唉，你、你、你們散去了罷。

眾百姓：（白）陛下保重了。（拜，齊下）

（曹彬上）

曹　彬：（白）大王請即登舟。

李後主：（白）是。

（唱西皮搖板）聲聲催逼渡長江，欲渡未渡意徬徨，萬里江山從此別，一回回顧一神傷。

（同下）（幕落）

～～～半場休息～～～

第七場　覲宋

（四龍套、二太監引宋太宗趙匡義上）

趙匡義：（唸引子）聞道邊庭起甲兵，陳橋一夜動風雲，大宋天子承天命，兄終弟及坐龍廷。

（白）孤大宋天子趙匡義，兄王龍駕歸天，孤王接登大寶，前者派曹彬發兵征蜀，已然成功，現又因南唐後主不肯奉旨來朝，顯有不臣之心，大將軍曹彬再度出征，喜的是將士用命，得勝還朝。想蜀國花蕊夫人已入後宮，此番那南唐美人小周后又隨李煜同來，西、南二美女都在孤的掌中。哈哈哈，孤願足矣。內侍！

大太監：（白）奴婢在。

趙匡義：（白）宣曹彬大將軍上殿。

大太監：（白）皇上有旨，曹大將軍上殿哪。

（曹彬內應：領旨）（曹彬上）

曹　彬：（唸）三軍齊奮勇，一舉定南唐。

（白）臣曹彬見駕，吾皇萬歲。

趙匡義：（白）平身。

曹　彬：（白）萬萬歲。

趙匡義：（白）賜坐。

曹　彬：（白）謝坐。

趙匡義：（白）卿家此番征服南唐，李煜歸降，其功不小。

曹　彬：（白）上托天子洪福，下賴將士用命，微臣不敢居功。

趙匡義：（白）卿家不必過謙，寡人自有升賞，不知那李煜可曾帶到。

曹　彬：（白）李氏一門三百餘口，均已押解進京。

趙匡義：（白）好好好，這才遂了寡人之願也，內侍宣旨，傳李煜白衣上殿。

大太監：（白）遵旨，下面聽者，皇上有旨，李煜白衣上殿哪。

（李後主內應：遵旨）（青衣小帽上）

李後主：（唸）當年南面稱孤日，今朝金階屈膝時。

（白）罪臣李煜見駕，吾皇萬歲。

趙匡義：（白）李煜，你可知罪。

李後主：（白）臣知罪，還望陛下成全。

趙匡義：（白）孤多次召你進京，本欲保全於你，你竟抗旨不遵，大軍到時，還敢以卵擊石，妄思抵抗，如此大罪，本應處死，姑念你南唐一向恭順，孤不忍加誅，封你為吳國公，京師賜第，你和一家大小可安心在此居住，不可再有異心。

李後主：（白）謝陛下隆恩。

趙匡義：（白）下殿去罷。

李後主：（白）遵旨。

（唸）人在矮簷下，怎敢不低頭。（下）

趙匡義：（白）來，傳李穆。

大太監：（白）傳李穆。

（李穆上）

李　穆：（白）參見皇上。

趙匡義：（白）李煜新降，恐他不甘臣服，特命你嚴加監管，李煜如有異常舉動，

速速報與孤王知曉。

李　穆：（白）遵旨。（下）

趙匡義：（白）內侍，明日早朝之後，宣吳國公內眷周氏進宮，朝覲皇后。

大太監：（白）遵旨。

趙匡義：（笑）哈哈哈，（白）明日我可一見此江南第一美人也。退班。

（衆同下）

第八場　殞玉

（小太監掌燈引李後主上）

李後主：（唸）風雨淒淒忘歲月，焦心日日復年年。

（白）孤李煜，自來汴京，不覺一年有餘，思量往事，恍如一場春夢。想賢妹應召進宮，屢屢被那宋王侮辱，孤身為一國之君，不能護一弱女，思想起來，好不傷感人也。

（唱二黃原板）風和雨送春歸淒涼感舊，思想起家國事熱淚交流，遭不幸大周后早亡喪偶，幸有那小周后鳳侶鸞儔。實指望好鴛鴦天長地久，又誰知亡國恨萬事全休。到汴京入深宮慘遭毒手，可憐她嬌怯怯忍辱含羞，小身軀怎經得狼膏虎口，眼見她漸消瘦痛在心頭，今日裡被傳召這般時候，樵樓上二更鼓未見回頭。

（白）待我等他回來。（伏案）（小太監下）

（一侍女攙扶小周后上）

小周后：（唱二黃倒板）戰兢兢离開了皇宮院，（轉二黃搖板）風悽悽雨霖淋熱淚如梭，在南唐享榮華未經烽火，兵敗後到汴梁受盡折磨。恨宋王無道君荒淫似虎。（白）唉，想我這嬌柔弱女啊。（轉迴龍）欺侮我亡國的臣婦凌虐千端。（接唱快三眼），這些時不斷的傳召於我，施強橫辱蛾眉花落隨波，可憐我嬌梨花怎經暴雨，眼看看這殘生來日無多。

（白）陛下，你，你還未睡麼。

（李後主欠身，侍女下）

李後主：（白）賢妹你未回來，我怎能安睡啊。

小周后：（白）陛下情深義重，令人感泣，祗是妾身衰弱不堪，恐怕要別你而去了。

（唱二黃快三眼）想當年唾珠亭畔效雙棲，誰能料成敗興亡一局棋，汴梁城實難比江南地，為殘生含悲忍辱把頭低。

李後主：（白）賢妹，你要多加保重啊。

小周后：（白）陛下呀。

（唱二黃快三眼）嘆此生艱辛歷盡繁華了，望江南滾滾珠淚濕紅綃，憶當初君王恩情知多少，誰曾料辣手摧花萬事拋。

李後主：（白）賢妹，我愧對你也。

小周后：（白）陛下何出此言，妾身恨為女兒，不能報國，反貽家國之羞，陛下呀！

（唱二黃搖板）真個是悲歡離合皆杳杳，可怜你冷月珠帘度中宵，實無奈緣盡三生花謝早，還承望三更魂夢慰寂寥。

（白）陛下，妾身不能與陛下終身廝守，你、你、你要保重啊。

李後主：（白）賢妹，你當真要棄我而去麼？

小周后：（白）妾身已是不潔之身，油盡燈枯，再不能侍奉陛下了。（昏倒介）

李後主：（急搖）（白）賢妹、賢妹，你醒醒。

小周后：（抬頭張目）（白）陛下珍重。（死介）

李後主：（白）賢妹、賢妹，你——（哭）

（內白：皇后有詔，宣吳國公夫人明日午時進宮哪。）

李後主：（發抖）（白）人、人都已經死了，還應的什麼召？唉，天哪天……。

（幕急落）

第九場　聽詞

（李穆上）

李　穆：（白）下官李穆，奉旨監管李煜，聞得家丁報道，自小周后死後，李煜十分悲傷，新作詞章頗多怨望，不知實情如何，且待家丁一報。

（家丁上）

家　丁：（唸）忙將李府事，報與大人知（白）參見大人。

李　穆：（白）罷了，有何信息。

家　丁：（白）探得那李公爺寫有新詞二首，謄錄在此，請大人過目。

李　穆：（白）待我看來。

（唸）簾外雨潺潺，春意闌珊，羅衾不耐五更寒，夢裡不知身是客，一響貪歡。獨自莫憑欄，無限江山，別時容易見時難，流水落花春去也，天上人間。（夾白）好好好，果是好詞，待我再看。（唸）春花秋月何時了，往事知多少，小樓昨夜又東風，故國不堪回首月明中。雕欄玉砌應猶在，只是朱顏改，問君能有幾多愁，卻似一江春水向東流。

（白）啊呀呀，這倒真是兩首好詞，祇是怨望溢於言表。哎呀，且住，此詞若傳入皇上耳中，我豈不得個失察之罪，我不如先行奏明皇上，李煜呀李煜，這是你自取其罪也。正是：

（唸）春花秋月潺潺雨，堪笑南唐落難君。

（下）

第十場　冥會

（太監扶李後主上，作酒醉狀。）

李後主：（唸）醉鄉路穩宜頻到，一枕孤眠夢不成。

（白）孤自被擄，遷來北地，亡國之君，飽受欺凌，一自賢妹身故之後，長日無伴，好不淒涼，今夕風雨蕭蕭，舉酒澆愁，卻是愁人恨重。唉，想我李煜啊！

（唱二黃原板）珠簾外潺潺雨春意闌珊，薄羅衾怎耐得午夜春寒，渾不知身是客依然舊慣，望故國知何處獨自憑欄。悔當初未解得江山無限，這真是別時易再見時難，嘆賢妹似落花隨風飄散，重相逢悲零落天上人間。

（白）也罷，待我小憩一回。

（作伏案狀，太監退，燈漸隱。）

（小周后內唱反二黃倒板：深院靜小庭空香階霧冷。小周后上）

小周后：（唱反二黃原板）九泉下來了我寂寞孤魂，見重嘉睡沉沉憔悴身影，可憐他家國恨淚盡天明。恨宋王太卑污廉恥喪盡，強逼我行苟且不君不臣。我本是嬌生女幼承庭訓，怎能堪身受辱笑面迎人，因此上病懨懨殘生命盡，（轉搖板）今夜裡見重嘉細訴离情。

（白）陛下醒來，陛下醒來。

（李後主醒，欠身）

李後主：（白）啊，你、你是賢妹？

小周后：（白）正是妾身。

李後主：（白）你、你不是亡故了麼？

小周后：（白）陛下，你我已陰陽兩隔，祇是泉下孤魂，難忘君王恩重，今夕前來一會，再見無期了。

李後主：（白）你才怎講？

小周后：（白）再見無期了。

李後主：（叫頭）賢妹呀。

（唱二黃小倒板）見賢妹不由人悲痛難忍。（轉原板）果真是九泉下再見芳魂，念江南春未老繁花似錦，嘆家亡悲國破薄命怜卿。曾記得金縷鞋三生情定，曾記得別宮眷熱淚盈樽。可怜你受欺凌花容早殞，可嘆我跪金階亡國賤民，今日裡重相逢依稀夢境。（轉散板）小樓上東風起淚濕羅巾。

小周后：（白）陛下呀！

（唱二黃搖板）曾記得當年深宮院，柳媚花妍笑語喧，遭不幸一旦為臣虜，沈腰潘鬢盡銷磨，非是你殘民遭國破，祇緣你仁德惹禍端，千古興亡無對錯，勸君忍耐少悲歌。

李後主：（白）賢妹呀。

（唱二黃搖板）回首那堪重思過，因循誤國我罪多，淒涼往事難再訴，播弄由人可奈何？

小周后：（白）陛下如此傷心，令人淚下，妾身已入幽冥，不能隨伴身邊，那宋王早有害你之心，陛下還要多方留意，善自珍重，勿以妾身為念也。

（唱二黃搖板）今宵別後難再見，生死永隔恨綿綿。（下）

李後主：（白）賢妹、賢妹慢走，呀！

（唱二黃散板）見賢妹話殷勤依稀人在，卻原是她精魂入我夢來，夜沉沉訴不盡深情難再，還望她九泉下早上天台。

（白）唉，這漫漫長夜，叫我如何消受啊。

（下）

第十一場　鴆李

（二家院引李穆上）

李　穆：（白）下官李穆，前因李煜作詞，頗多怨望，皇上發怒，以今日乃李煜壽辰，命我賜他壽酒，名為壽酒，實為牽機毒藥，李煜此番難逃一死也。家院帶路。

（唱西皮搖板）皇上賜下奪命酒，要想活命難上難。（同下）

（李後主上）

李後主：（唸）獨自憑欄望，江山何處尋。

（白）想我來到汴京，度日如年，今日適逢生辰，家下人等為我賀壽，想周后已亡，索然無趣，這生日啊。

（唱西皮原板）幾度生辰人漸老，千秋嵩祝實諷嘲，秦淮往事知多少，萬里家山入夢遙，後悔當年無計較，笙歌隊裡送南朝，到如今國破家亡蔣山倒，望江南煙籠雨罩柳蕭蕭。

（白）唉，想我在此，生不如死，還不如早早棄世，和我那二位賢妹相聚於地下也。

（家院上）

家　院：（白）啟稟公爺，聖旨下。

（李穆上）

李　穆：（白）吳國公李煜接旨。

（李後主跪）

李後主：（白）萬歲萬萬歲。

李　穆：（白）今當吳國公壽誕之期，特賜御酒兩瓶，以表祝賀。

李後主：（白）謝萬歲。（起身）有勞大人，明日上朝面謝皇上。

李　穆：（白）皇上吩咐下官，要請公爺當面飲酒。

李後主：（白）卻是為何？

李　穆：（白）以表你對皇上的忠心。

李後主：（驚詫）啊——

（背供）哎呀且住，宋主對我向無好心，為何今日賜酒，難道這酒中——唉，

這生不如死的日子，禍福又何必縈懷，待我飲了罷。

（倒酒，飲介）

李　穆：（白）待我回報皇上。

（背供）我等會再來收屍也。（下）

李後主：（白）哎呀，這酒飲下之後，怎麼腹痛得緊。

（腹痛介）

（白）這腹痛是越來越厲害了，啊啊啊，這分明是宋主賜的毒酒，趙匡義，

你、你、你好無良也。

(唸撲燈蛾)宋主太無良，太無良，毒酒穿我腸，穿我腸，含淚江南望，
何處是家鄉，春風悲落日，魂夢到南唐。

(嘔吐介)

(唱西皮搖板)今日生辰今日亡，生亦何歡死何傷，移朝換代渾常事，千
秋誰念李後王。

(死去介)

(李穆上，試探介)

李　穆：(白)看李煜已死，待我回稟萬歲便了。正是⋯

(唸)蝴蝶夢中家萬里，杜鵑枝上月三更。

(齊下)

第十二場　遙奠

（衆百姓由一老者帶領，齊上）

老　者：（白）我等俱是江南百姓，聞得我主病逝汴京，衆家百姓追念先主愛民之德，共約齊到江邊一祭。唉，先主啊！

（衆齊拜）

（場面奏曲牌）

衆百姓：（齊唱高撥子）春意闌珊，春意闌珊，三春花事盡凋殘，精魂萬里知何處，欲渡關山行路難。欲渡關山、欲渡關山，故園南望路漫漫，南唐空遺綿綿恨，遙祭汴梁淚未乾，淚未乾。

——幕漸落

——劇終

國家圖書館出版品預行編目資料

國劇創作劇本 / 周嘯虹著. -- 初版. -- 臺北市: 文史哲,民 90
面; 公分
ISBN 957-549-348-6 (平裝)

854.4 90003088

國劇創作劇本

著　者：周　嘯　虹
出版者：文史哲出版社
登記證字號：行政院新聞局版臺業字五三三七號
發行人：彭　正　雄
發行所：文史哲出版社
印刷者：文史哲出版社
臺北市羅斯福路一段七十二巷四號
郵政劃撥帳號：一六一八〇一七五
電話886-2-23511028・傳真886-2-23965656

實價新臺幣三二〇元

中華民國九十年三月初版

ISBN 957-549-346-8